质性评估操作指南：

快速、简洁的七个步骤：

第2版

作 者 乌多·库卡茨(Udo Kuckartz）
陀斯坦·德莱兴 (Thorsten Dresing)
史戴范·莱迪克(Stefan Rädiker)
克劳斯·史德芙（Claus Stefer）
翻 译 孙小康
导 读 李亦菲

北京理工大学出版社
BEIJING INSTITUTE OF TECHNOLOGY PRESS

图书在版编目（CIP）数据

质性评估操作指南：快速简洁的七个步骤：第2版/（德）乌多·库卡茨等著；孙小康译.—北京：北京理工大学出版社，2018.1

ISBN 978-7-5682-5218-8

Ⅰ.①质…　Ⅱ.①乌…　②孙…　Ⅲ.①项目评价－指南　Ⅳ.①F224.5-62

中国版本图书馆CIP数据核字（2018）第011847号

出版发行 / 北京理工大学出版社有限责任公司
社　　址 / 北京市海淀区中关村南大街5号
邮　　编 / 100081
电　　话 / (010) 68914775（总编室）
(010) 82562903（教材售后服务热线）
(010) 68948351（其他图书服务热线）
网　　址 / http://www.bitpress.com.cn
经　　销 / 全国各地新华书店
印　　刷 / 定州启航印刷有限公司
开　　本 / 850毫米×1168毫米　1/32
印　　张 / 4.25
字　　数 / 94千字
版　　次 / 2018年1月第1版　2018年1月第1次印刷
定　　价 / 42.50

责任编辑 / 刘永兵
文案编辑 / 刘永兵
责任校对 / 周瑞红
责任印制 / 边心超

前言

书中所描述的评估项目源自2005年10月召开的“德国评估年度会议（DeGEval）”。在会议上，沃尔夫冈•贝维尔先生（Wolfgang Beywl）向此书的作者之一——陀斯坦•德莱兴提出一个想法：应该尝试尽可能详细地描述如何在计算机软件的支持下，在一段合理的时间内进行一项质性评估。人们在这个问题上基本达成了共识，即如果一项评估按照“一步一步的描述”进行操作，最多只需要100个小时完成。这一说法可能会消除一些研究人员在评估工作的起初阶段对使用质性评估方法的恐惧。尽管如此，很多人仍然在实施阶段会被吓退，因为他们认为质性评估需要大量的时间，并且不清楚每一步是如何进行的。人们对质性评估有这样的成见：一方面，质性评估有不着边际的评估报告；另一方面，需要投入大量的时间来实施评估。这些说法虽然并不公平，但在通常的情况下，质性评估方法确实要花费较多时间（乌维・弗里克（Uwe Flick），2006，第21页），在较短的时间内实施评估非常困难。但具体实施案例表明，运用简易的评估方法[①]也能取得很好的结果。

---

① 为了避免误解，我们在这里没有使用“简化策略”这个词组。这个词组来自客观诠释学(Hermeneutics)领域并首先由克里斯蒂安・勒得尔思（Christian Lüders，2006）在评估领域中进行了讨论，乌维・弗里克并对此再次提出了讨论。我们对于方法的理解不属于客观诠释学范畴，而属于理论编码范畴，这一方法会在例如“扎根理论”或“质性内容分析法”中运用到。

这样的“示范性计划”在马尔堡大学的工作小组中立刻引起了共鸣，我们决定要尽快地把这项计划付诸实践。我们开始在自己所从事的教育领域寻找适当的评估对象，这一对象应该是评估人员熟悉的题目，并且要适合当作示范性项目。我们决定评估大学课程。对大学课程的评估已经有大概10年的历史。我们认为，本书的很多读者也有评估大学课程的经验[①]。课程评估目前正在非常广泛地开展：每学期都有授课老师和学生参与对上千门课程的评估。这样来看——至少从理论上来说——我们所选定的评估对象可以为其他大学或领域的课程评估提供借鉴。

2006年年初，我们开始实施此次评估。从一开始我们就预设了一个时间限制，即整个评估要在100小时内完成，但绝对不能影响评估的质量，并且要将每一项工作步骤都准确无误地、仔细地记录下来。从一开始，我们就决定将这本书的题目定为“快速、简洁的100小时”，主要是为了强调：即使在时间非常有限的情况下，也要严格遵守评估的方法和规则。对于所有参与评估工作的成员来说，这项评估同时也是一次试验，因为起初我们也不确定是否能在100小时内将其完成。

现在，这本书已经完成了。我们自己也非常惊讶，为了这本薄薄的书已经付出了多少努力。我们认为，我们的尝试是值得的，并且我们相信，这本书可以为从事质性评估的同人提供借鉴和帮助。这本书针对的是想自己设计和实施质性评估，并想了解实际操作的详细过程的读者。这本书的首要目标是解释和展示评估方法，而非评估对象——“大学课程的评估”[②]，虽然评估结果中也包含关于大学课程评估的有意思的内容。

---

① 有关评估的专业杂志显示，在最近几年中，对评估其他事物的讨论都没有像对大学课程评估的讨论那样频繁。

② 请参考Kromrey（2001）。

这项评估除了本书的四位作者陀斯坦·德莱兴、乌多•库卡茨、史戴范·莱迪克、克劳斯·史德芙之外，学生助理蕾娜·雷曼（Lena Lehmann）、托马斯·爱尔布特（Thomas Ebert）、史黛芬妮·扎内蒂（Stefanie Zanetti）也参与了其中的工作。在此，我们要真诚地感谢他们对此书的大力贡献。我们要感谢在前面提到的沃尔夫冈·贝维尔先生，他不仅促成了此书的诞生，而且也一直对我们的评估提出宝贵的建议，对本书的初稿给予了详细的反馈。我们也要感谢撒碧娜·劳勃（Sabine Lauber）、卡尔加·托德（Katia Tödt）、海克·古尔南贝尔格（Heiko Grunenberg）、帕特里克•霍兰德-莫里茨（Patrick Holland-Moritz）、乌多·凯乐（Udo Kelle）、哈尔姆特·克尔姆雷（Helmut Kromrey）为本书的初稿给予的批判性和建设性的意见。

如果想进一步更细致地了解书中所描述的评估过程，我们愿意向感兴趣的读者提供评估的具体数据（当然是匿名的）。

目录

课程评估中的质性评估方法：为什么和如何做？

课程是学校教育的核心，是实现学校教育目标的基本保障。广义的课程是指学校为实现培养目标而教授的各门学科及其进程与安排，而狭义的课程是指某一门具体的学科及其教学活动的安排。从内容上看，课程是学校安排的学习内容(也称课程内容)。从形式上看，课程既指承载学习内容的教学材料，也指传授学习内容的教学活动。

由于在内容和形式等方面具有不同的特点，不同课程的价值和效果也有所不同。所谓课程的价值，是指课程本身所具有的优势和特点；所谓课程的效果，是指课程达到预期教育目标的程度。课程评估(也称"课程评价")就是评价某一课程的价值和效果的过程。针对课程价值的评价称为"内部评估"，主要关注"什么样的课程是好的课程"；针对课程效果的评价称为"外部评估"，主要关注"课程实现了哪些教育目标，在什么程度上实现了教育目标"。

从评价方式来看，内部评估属于形成性评价，主要采用质性评估的方法，目的在于明确课程所具有的潜在价值，促进课程质量的不断改进；外部评估属于总结性评价，主要采用量化评估方法，目的在于确定课程所达到的实际效果，并作为评定等级和实施奖励的依据。然而，这一区分并不是绝对的。在内部评估的形成性评价中，虽然以行为观察、访谈、作品分析等质性评估方法为主，但也需要采用测验或考试、问卷调查等量化评估方法；在外部评估的总结性评价中，虽然以测验或考试、问卷调查等量化评估方法为主，但也需要采用访谈、作品分析等质性评估方法。

《质性评估操作指南：快速、简洁的 100 小时》一书以一门大学课程——“社会科学类统计学入门”的外部评估为例，介绍了如何在量化评估(标准化的问卷调查)的基础上，通过高效率的质性评估获得更多的信息，从而弥补量化评估的不足，达到有效促进课程改进的目的。

本书结合作者自身开展质性评估的一个实际案例，平铺直叙地介绍质性评估的操作过程、实施细节，并提出了具体的建议。这一做法能够使读者快速了解质性评估的实践方式，但由于对课程评估的基本方法和重要概念缺乏非常具体、详细的阐述，会使那些缺乏相关背景知识的读者难以深入理解操作方法背后的原理。为了使读者更好地理解本书的内容，特撰写此文，对课程评估中的评估方法加以简要说明。

一、课程评估中的量化评估方法——问卷调查法

课程评估通常采用测验或考试的方式进行，即利用各种测验或考试考查学生在完成课程后所掌握的知识和技能的水平，并据此评价课程达到预期教育目标的程度。除测验或考试外，许多学校也采用问卷调查的方式了解学生对课程的价值或效果的主观判断。虽然测验或考试和问卷调查都属于量化评估方法，但这里只介绍如何利用问卷调查法开展课程评估。

课程评估所采用的问卷主要由一组针对课程价值或效果的陈述组成，每一陈述要求被调查者根据自己的认识或观点，在给出的选项中进行选择。根据陈述的内容不同，所设置选项的类别也

不相同，主要包括以下三种类别：①反映被调查者对陈述内容的态度的选项，一般包括非常不同意、不同意、不确定、同意、非常同意五个等级；②反映评估对象的规模的选项，一般包括非常少(小)、比较少(小)、一般、比较多(大)、非常多(大)五个等级；③反映评估对象的程度或水平的选项，一般包括非常差(低)、比较差(低)、一般、比较好(高)、非常好(高)五个等级；④反映评估对象的出现频次的选项，一般包括从来不(完全没有)、几乎不(非常少)、一般、经常(比较多)、总是(非常多)五个等级。虽然在上面的举例中都采用了五等级，但在调查工作中，可以根据具体情况，在选项设置上采用不同的等级，如四等级、五等级、六等级、七等级、九等级等。

本书提供了马尔堡大学的课程评估所使用标准的量化问卷(参见本书的第 2 章中的第二步骤)。问卷要求学生对课程的讲座和教师的价值和效果进行评定，具体内容和选项设置参见表 0-1。

表 0-1　对课程的讲座和教师的价值和效果进行评价的内容和选项设置

评价对象	评估内容	陈　述	选项设置	备　注
讲座	价值	1. 讲座遵循了一个清楚的大纲 2. 讲座提供了这一领域的清楚的概况 3. 辅助材料(例如教科书、练习题)的数量充足，并且质量很好 4. 在讲座中有好的学习气氛 5. 讲座中所讲的内容估计对今后的实际工作很有用处 6. 讲座中有知识讲授和讨论相结合的形式	不同意(1)、不是很同意(2)、基本同意(3)、同意(4)	反映态度的选项

续表

评价对象	评估内容	陈述	选项设置	备注
讲座	效果	7. 我通过讲座学到的知识	太少(1)、有点少(2)、有一些(3)、比较多(4)、非常多(5)	反映规模的选项
		8. 为讲座打多少分?	非常好(1)、好(2)、满意(3)、及格(4)、不及格(5)、非常差(6)	反映程度的选项
教师	价值	9. 教师对学生很友好、很尊重 10. 教师对于学生提出的问题给出了充足的回应 11. 教师把讲座进行得很有趣 12. 教师让我对这个领域的学习更有兴趣 13. 教师对于学生的学习成果显得无所谓 14. 教师对讲授知识给出的信息太少了 15. 教师对所讲知识可以运用的领域以及实际用处讲解得太少了	不同意(1)、不是很同意(2)、基本同意(3)、同意(4)	反映态度的选项
	效果	16. 为教师打多少分?	非常好(1)、好(2)、满意(3)、及格(4)、不及格(5)、非常差(6)	反映程度的选项
注:“选项设置”一栏各选项后面括号中的数字是该选项对应的等级分。				

除了以上内容外，本问卷还要求学生对讲座的难度、速度、提供的学习资料，以及自己对课程的兴趣等进行等级评定。对讲座的难度、速度、提供的学习资料，设置了反映规模或程度的五个选项：太少或太低(1)、有点少或有点低(2)、刚好(3)、有点多或有点高(4)、太多或太高(5)；对于自己对课程的兴趣，设置了反映程度的五个选项：太少(1)、有点少(2)、中等(3)、较大(4)、很大(5)。

问卷的标准化陈述(也称封闭性问题)和开放性问题设计好后，还需要补充一些采集被调查者人口学变量(如性别、年龄、学历、职业等)和相关信息的背景性问题，研究者将这些问题编制成问卷，并选择适当的被调查者，采用邮寄、当面作答、追踪访问等方式邀请被调查者填答，了解他们的看法和意见。

在选择被调查者参与调查的环节，涉及两个专业名词——总体(population)和样本(sample)。“总体”是根据研究目的确定的观察对象的全体；而“样本”则是由总体中随机抽取部分观察对象，可以看成是总体中有代表性的一部分。构成样本的对象的数量称为样本容量(也称“样本数”或“样本量”)，从总体中随机抽取指定数量的观察对象进行研究的过程称为抽样。需要说明的是，样本数的大小并不取决于总体的多少，而取决于观察单位的多样化程度、所允许的误差大小、要求推断的置信程度。也就是说，当观察的对象差异越大、允许的误差越小、对可推断性要求越高，样本量就越大。根据统计学的要求，样本数通常不能少于30。

在课程评估中，可以要求被评估课程的所有听课学生作为被调查者填写问卷，也可以抽取部分听课学生(不少于30人)作为被调查者填写问卷。前者是基于总体的调查，后者是基于样本的调查。在多数情况下，学校都会要求全部听课学生参与调查。

在被调查者填写问卷后，研究者将问卷收回，并进行整理。对于答题不完整的问卷，或者明显有错误的问卷，将作为无效问卷排除在外。对于有效问卷，需要每一份问卷和问卷中的每一个问题、每一个答案编定一个唯一的代码，并以此为依据对问卷进行数据处理。

长期以来，研究者采用手工的方式逐一地记录每份问卷中的数据，效率非常低下，并且容易出错。近十年来，研究者可以利用专门的硬件和软件来获得问卷中的数据，并对数据进行统计分析。具体做法是：第一步，利用扫描仪器对经过编码的纸质问卷进行扫描，将纸质问卷转换为电子复印件保存下来；第二步，由专门的软件从问卷的电子复印件中自动提取被调查者的评定结果，并按预先设置的格式生成数据表；第三步，利用统计软件，对数据表中的数据进行计算和分析，自动生成所需的统计结果，如T检验、方差分析等。利用专门的硬件和软件记录和分析问卷中数据，不仅大大提高了工作效率，而且显著减少了人为的错误。

对于被调查者给出的评定结果，可以采用两种方式计算评估所需的数据。第一种方式，是对每一个陈述，计算被调查者选择各选项的数量或频率。第二种方式，是对每个陈述的等级评定，都按等级高低计分(一般是1～5分)；对于一组陈述，则可以将被调查者在各陈述中所得等级分相加，得到该组陈述的总分。

对于采用第一种方式获得的一定数量被调查者的数据(数量或比率)，可以通过直接比较不同陈述各选项的数量或频率分布，了解被调查者对哪些陈述的评定是一致的(如60%以上的被调查者都集中选择某些选项)，对哪些陈述的评定有较大差异的(各选项都有一定数量的被调查者选择)。对于采用第二种方式获得的一定数量被调查者的数据(陈述的等级分或总分)，既可以对某一个陈述或一组陈述的分数独立地计算平均值和标准差，也可以对适合比较的两个陈述或两组陈述的平均值进行相关分析或差异显著性分析。

在课程评估中，通过对所获得的数据进行分析，可以向每位授课教师提供一份多页的反馈报告。在报告中，对每一项陈述都给出了各选项的频率分布和等级分的平均值（参见本书的第3.1节）；同时，对每一项陈述，也将每位教师所得到的等级分的平均值与整个学校所有教师的平均值进行比较。

除了给定选项的封闭性问题外，调查问卷中通常还包括一些开放性问题。对于开放性问题，被调查者可以自由地发表自己的意见，采用口头语言或书面语言的方式记录下来，称为质性数据(qualitative data)。与对量化数据(Quantitative data)的分析相比，对这些质性数据的分析需要更多的投入，具体包括：①如果是用口头语言的方式记录，需要研究者将所有的录音转录到电脑中，变成文本形式的文字；②无论是被调查者直接录入的文字，还是由研究者转录的文字，都要进行审读和整理，将文字分隔成具有独立意义的片段(segment)，这些片段是质性数据分析的基本单位，可以称为“素材”(clips)，在数量上通常为从数百条到数千条；③制定类别系统，对整理出来的片段或素材进行编码，即把每一个片段或素材归入适当的类别或子类别；④以观察对象的个案为单位，对经过编码的片段或素材进行细致分析，并结合量化分析的结果，对被调查者的观念和行为进行合理的解释。

显然，以上工作是非常繁重和消耗时间的，这也导致几乎没有学校对课程评估中被调查者对开放性问题的回答内容进行分析，而是直接将这些回答的文字反馈给讲授这一课程的教师，由教师自己来阅读和理解这些内容。显然，这就为质性评估方法留出了空间。问题在于，为什么需要在课程评估中引入质性评估方

法呢？对质性数据分析的繁重的投入是学校可以承担的吗？是否值得付出这些投入呢？

二、为什么需要在课程评估中引进质性评估方法

在基于问卷调查的课程评估中，主要采用封闭性问题收集标准化的数据，评价的结论也基于这些数据。这一做法存在以下三个方面难以克服的局限(见本书第1章)。

首先，每个问题只提供固定的选项供被调查者进行选择，这些选项将复杂的情况进行了简化，导致调查结果难以准确反映实际情况。一方面，选择某一选项的判断标准并不明确，只能由被调查者按照各自理解的标准进行选择，例如，“通过讲座学到的知识”达到多少才算“非常多”呢？另一方面，在罗列选项的情况下，提供的选项难以涵盖所有的可能性，难免遗漏重要项目。

其次，被调查者采用勾选的方式对各选项做出选择，研究者只能获得被调查者选择的结果，无法了解被调查者选择这一选项的动机和原因。即使被调查者敷衍性地随意选择各种选项，研究者也难以辨别。

最后，即使被调查者是认真作答的，研究者也无法根据某一陈述各选项的频率分布或等级分的平均值，对课程的价值或效果做出确切的判断，例如：是否获得平均分数高的课程就是一门更好的课程？是否可以将“国际法”与“电影分析”这两门课程的结果进行比较？或者当一个有固定时间安排的讲座在隔年的评估中得到了一个显著不同的结果，这个结果究竟又能说明什么问题？

此外，学生在不同陈述中做出的选择可能出现矛盾的情况。例如，他们对某一课程很感兴趣，但却经常缺课。之所以出现这种情况，是因为对标准化调查数据的分析不能全面、细致地考虑学生的学习动机、学习方式、个性特点等背景信息。

对于以上局限，研究者们普遍认识到：不可能仅仅依赖量化评估方法来获得能够解释完整的、复杂的课程现象的各种变量。这一观点的根源在于科学研究中的“解释－理解争议”。一方面，以孔德（A. Comte）、斯宾塞（H. Spencer）、杜尔凯姆（E. Durkheim）等为代表的坚持自然科学思维的研究者主张社会科学也要和自然科学一样，采用实证主义的方法（以观察、实验为基础的量化研究方法）来研究社会现象，重视知识的客观性，强调科学方法的普遍性及适切性。另一方面，以现代社会的奠基人之一M·韦伯为代表的反实证主义者认为，社会活动由个人行动所决定，而个人行动由个人动机、行为规范和价值关系决定，不存在一般的规律。基于这一认识，他们反对将自然科学方法运用于社会科学，认为社会科学要向人文科学靠拢，主张采用以描述、理解为基础的质性研究方法来研究社会现象。

从认识的角度看，实证主义偏重于社会现象的客观事实方面，具有自然主义倾向；反实证主义偏重于构成社会现象的内在因素方面，具有人文主义倾向。从方法的角度看，反实证主义反对实证主义的客观中立原则和解释性研究方法，认为社会学研究应该分析构成社会现象的各种因素，找出它的组成部分，并说明各组成部分的功能，描述整体与部分之间的关系。反实证主义社会学的代表人物主要有M·韦伯（理解的社会学）、G·齐美尔（形式社会学）、A·韦伯（文化社会学）、K·曼海姆（知识社会学）、A·舒茨（现象学社会学）、H·加芬克尔（民俗学方法论）等。

20世纪60年代以来，由于受到库恩（T. Kuhn）的范式理论和胡塞尔（E. H. Husserl）现象学的影响，加之对实证主义研究结果的失望，实证主义的研究方法越来越多地受到质疑和批判。在这一背景下，一种排斥量化数据的研究范式被越来越多地采用，其主要特点是：在观察中采用笔记式的事件描述做记录、在调查中采用开放式的问题获得自由回答的话语、大量收集各种故事或逸事。这种研究方式就是所谓的“质性研究”(qualitative research)，也称“质的研究”“质化研究”“定质研究”。质性研究强调认识主体在认知过程中的重要性，企图在方法、语言及真理之间的辩证关系中，把握更真且更具人味的真理。

我国学者陈向明将质性研究定义为“以研究者本人作为研究工具，在自然情境下采用多种资料收集方法对社会现象进行整体性探究，使用归纳法分析资料和形成理论，通过与观察对象互动对其行为和意义建构获得解释性理解的一种活动”。在具体的方法上，质性研究特别强调“描述”和“归纳”。所谓“描述”，就是对事件及情景发生的背景进行详细的描述，为研究者全面、深入地理解观察对象提供充分的资料；所谓“归纳”，就是为了避免将研究者自己的观念强加于观察对象身上，在研究起始阶段一般不预设理论架构或假设，而是对所收集的资料经进行逐层深入的分析，先形成观念，然而再将观念归纳成“主题”。

在课程评估中采用质性评估方法，就是按照质性研究的认识和方法评价课程的性质和效果。从认识的角度看，质性评估将课程看成是不断发展的动态过程，评估的目的并不是给课程贴一个固定的标签，而是增强课程的有效性，并使参与课程中的每一个人受益。从方法的角度看，质性评估强调所有课程的利益相关方(教师、学生、家长、督导员、专家等)都要参与到评估过程中来。在评估过程中，所有参与者的地位是平等的。评价者应鼓励参与者对有关课程的内容提问和讨论，通过资料收集、分析和解释来澄清教育目标、教学内容、教学方式等的含义。评价者可能是专家，也可以是教师，他们通过对话和合作性活动指导所有参与者，重视所有参与者对课程的价值和效果的观点，以及他们所提出的改进建议。

从理论的角度看，运用质性评估方法开展课程评估可以克服基于问卷调查的量化评估方法的局限。本书作者将在问卷调查的基础上开展质性评估所获得的增益效应总结为以下八个方面(见本书第 3.2 节)：

(1)以个案为单位进行分析：质性评估关注一个个有生命的个体，深入了解他们的行为和兴趣，寻找人与人之间的相似性。

(2)全面性和复杂性：在访谈过程中，评价者可以比较全面地了解个体的各种信息。

(3)情境和背景信息：通过开放性的访谈，评价者能获悉与被访者想法和观念有关的情境和背景信息。

(4)避免错误的解读和误解：利用获得的背景信息，能够避免出现错误的解读和误解。

(5)以过程为导向：质性评估以实践和行动为导向，其结果能够为如何改进课程提供建议。

(6)互动和沟通：在访谈过程中，评价者和被访者会进行面对面的互动和沟通，被访者不回答的比率会非常小。

(7)一致性和真实性：面对面的访谈迫使被访者对自己所说的内容保持前后一致，并对自己的说法给出理由和根据。

(8)避免潜在的标准化：开放式的访谈能够避免“潜在的标准化”。

以上八个方面的增益可以从评估目标、获得数据的方式、分析数据的方式、评估结果四个角度进行考察。为了使读者更好地理解这些增益效应的含义，表 0-2 从四个方面对质性评估方法与量化评估方法进行比较，并列出各项比较与增益效应的对应关系。

表 0-2　对质性评估方法与量化评估方法的比较

	量化评价	质性评价	质性评价的增益效应
评估目标	描述评估对象（课程）的主要特点，并对其产生的效果进行评估（总结性评估）	了解评估对象（课程）的过程和细节，并促进其改进和完善（形成性评估）	（5）以过程为导向
获得数据的方式	固定采用 4 级或 5 级选项，要求被调查者进行选择，不需要互动与沟通	采用开放性问题，要求被访谈者自由回答，需要互动与沟通	（6）互动和沟通 （8）避免潜在的标准化
	提供潜在标准，获得规范的数据（简单、片面）	没有潜在标准，能够获得多样化的数据（复杂、全面），重视情景和背景信息	（2）全面性和复杂性 （3）情境和背景信息
	样本的数量较大（从几十个到上千个个案），涉及较多的个体	样本的数量较少（从几个到几十个个案），涉及较少的个体	
	获得量化数据，表现为等级或分数，被调查者可能随意敷衍	获得质性数据，被调查者需要保持前后一致和合乎逻辑。	（7）一致性和真实性
分析数据的方式	以群体为单位，基于变量开展统计分析	以个案（个体）为单位，基于类别进行言语分析	（1）以个案为单位进行分析
	可以借助于软件进行分析，效率较高	主要依靠人工方式进行分析，效率较低	

续表

	量化评价	质性评价	质性评价的增益效应
评估结果	利用频率和平均数等统计指标描述评估对象(课程)的特点和效果，并在不同评估对象之间进行比较。无法从选择性的回答中了解被调查者的动机和原因，有可能出现错误的解读	利用书面文字描述与评估对象有关的背景信息，更好地理解被调查者的想法和观念，重视被调查者提出的建议，可以避免错误的解读和误解	(4)避免错误的解读和误解

从表0-2的分析中可以看出，对质性评估方法与量化评估方法的比较从四个维度的八个方面展开，其中有六个方面与8项增益相对应，有两个方面没有对应的增益。这两个方面涉及样本的数量和软件的使用，前者是由两类评估方法的性质决定的，后者正是本书所强调的快速、简洁完成质性评估的前提——使用专门的质性数据分析软件开展质性评估。显然，质性评估方法可以有效地弥补量化评估方法的缺陷，但其自身存在的效率低下的不足则要靠质性数据分析软件的运用来弥补。

最后，需要补充说明的是，20世纪80年代以来，由于科学哲学和科学方法论的发展，量化研究与质化研究呈现出兼容与统合的趋势。社会学者罗斯(G. Rose)将质性研究称为“建立理论的研究”，将量化研究称为“检验理论的研究”。这一定位明确了两类研究方法的相互支持的关系。社会学者莱德(D. Layder)提出了合并使用质性资料收集和量化数据采集的“混合式研究”(mix—method research)，强调在个人、活动、情景、脉络、历史五个不同的社会生活层次上对社会问题展开研究。一般地说，当一项研究中采用了一种以上的

方法时，它便属于混合式研究(mix-method research)，也可称为“三角交叉检视法”(Triangulation)，这样做的意图是通过从不同的来源收集信息，获得更加可靠和可信的结果。

三、如何在课程评估中开展质性评估

本书所介绍的质性评估方法并不是对访谈内容做出广泛解释，而是通过概括性的编码分析对访谈内容进行系统梳理，并从中发现行为规则。本书的另外一个重点，是强调软件的使用可以提高质性评估的效率，但需要采取一套标准化的质性评估流程。

基于以上两点，本书介绍了一个包含七个步骤的质性评估流程，并以 MAXQDA 这一软件为例，说明如何在这一工作流程中利用软件提高质性评估的工作效率(见第 2 章)。表 0-3 列出了七个步骤的工作内容、所需时间及支持条件。

表 0-3　质性评估的工作流程、所需时间及支持条件

步骤	工作内容	所需时间	支持条件
1	确定评估对象和评估目标	4 个小时	四人协作
2	确定访谈提纲和简短调查问卷的内容	4 个小时	四人协作
3	访谈，录音和录入	14 个小时	四人协作，利用录音器材和软件
4	初步了解数据，以个案为单位进行分析	9 个小时	四人协作，利用软件
5	制定类别系统，为访谈资料编码	20 个小时	四人协作，利用软件
6	以类别为基础进行分析，撰写评估报告	33 个小时	四人协作，利用软件
7	写总结，回顾结果，完成最终报告	16 个小时	四人协作
		100 个小时	

下面，分别对每个步骤的实施要点加以简要说明。导读中对于七个步骤的描述都对应正文的第 2 章中描述的七个步骤，详细内容请参看正文。

第一步：确定评估对象和评估目标

正如本书作者所提出的，任何评估项目的第一步都是确定评估对象和评估目标。

首先，来看评估对象的确定。所谓评估对象，就是可以通过评估活动了解其价值或效果的事物。在课程评估中，评估对象就是课程，可以是广义理解的课程(为实现特定教育目标而设计和实施的一个学科体系)，也可以是狭义理解的课程(一门具体的学科及教学活动)。在本书的实例中，评估对象是一门大学课程——“社会科学类统计学入门”。

需要说明的是，虽然本书是以课程评估为例来介绍质性评估的工作流程，但所介绍的流程并不只适合课程这一评估对象。在本书的第 3.3 节，对适合采用质性评估的对象应具备的特点进行了概括。此外，这里所确定的“社会科学类统计学入门”这一评估对象不仅是质性评估的对象，也是基于问卷调查的量化评估的对象。也就是说，对“社会科学类统计学入门”的评估采用了“混合式研究”或“三角交叉检视法”。

其次，来看评估目标的确定。所谓评估目标，就是评价者希望通过开展评估活动而获得的结果或效益。对于本书所介绍的质性评估活动而言，评估目标是在整体范围的量化评估结果外，为课程评估提供额外数据作为补充，来支持量化评估的结果，具体包括以下三个方面：①回答有关“被评估的课程和学生的个人学习行为”的问题，如学生学习这门课程的基础条件、参加学习的情况、付出了怎样的努力、采用的学习方式、对通过考试是否有信心、对改进课程的建议，等等；②为未来学期的实施改进课程，提高课程的质量；③明确质性评估的增益。在这三个方面的目标中，前两个方面属于工作层面的目标，第三个方面属于研究层面的目标。

在这里，需要说明“评估对象”和“观察对象”的区别与联系。在前面，将评估对象定义为可以通过评估活动了解其价值或效果的事物，如一门具体的课程。那么观察对象是什么呢？在前面介绍“总体”和“样本”两个概念时，涉及“观察对象”这一术语。具体说，“总体”和“样本”都是“观察对象”。根据这一理解，“观察对象”就是能够从中获得研究（或评估）所需数据的人或事物，也称被观察者、被调查者、被访谈者等。在课程评估中，观察对象就是课程利益相关方，包括学生、教师、家长、督导员、专家等。本书介绍的质性评估，主要从选修课程的学生那里获得评估所需的数据，因此，观察对象就是学生。那么，在评估对象和观察对象之间存在什么联系呢？简单地说，就是研究者采用问卷调查、访谈等方法从观察对象那里获得数据，增进对评估对象的了解，为评估对象的改进提供支持。在这一表述中，最后一句话（“增进对评估对象的了解，为评估对象的改进提供支持”）恰恰是评估目标。

第二步：确定访谈提纲和简短调查问卷的内容

在课程评估中，确定了评估对象和评估目标（实际上还应该包括观察对象）后，就需要确定评估内容。对于量化评估，评估内容主要采用有固定选项的封闭性问题来呈现，有时也包括少数开放性问题。对于质性评估，评估内容需要利用开放式的问题来呈现，一般采用访谈提纲的形式。

确定访谈提纲的内容不是由一个人根据经验一次性完成的，一般需要几个人共同工作，并且经过以下三个环节才能确定：①几个评估人员聚在一起，采用头脑风暴的方式，尽可能多地列出与评估对象有关的内容，并确定哪些内容适合采用封闭性问题，哪些内容适合采用开放性问题；②将开放性问题汇集成一份访谈提纲，找一部分观察对象进行试验性的访谈，并根据访谈结果对访谈问题进行修改、删减或补充；③对保留下来的访谈问题进行分类，按照适当的结构呈现访谈问题，形成正式的访谈提纲。

在本书所介绍的质性评估中，正式访谈提纲中的开放性问题包括四个部分：第一部分询问学生如何安排他的统计学课程；第二部分询问学生对统计学课程的感觉和想法；第三部分询问学生对这一课程的评价和改进意见；第四部分询问学生有关期末考试的问题。

除了包含开放性问题的访谈提纲外，在质性评估中也需要设计简短的标准量化问卷来获得观察对象的一些背景信息(如年龄、性别、专业)，以及其他与评估对象有关的问题。问卷可以采用提供备选选项的封闭性问题，也可以采用填空形式的问题。这份问卷需要在被访谈者在访谈前填写，为被访谈者回答开放性的访谈问题做好心理上的准备。

第三步：访谈，录音和转录

这一步骤是访谈工作的具体实施环节，涉及诸多细节，主要包括：需要访谈哪些人？访谈多少人？如何选择被访谈者？什么时候访谈？由谁来进行访谈？如何将访谈录音转化为书面文字？如何将转录后的访谈资料导入质性数据分析软件中？等等。

本书对以上内容都进行了详细的说明，在这里就不一一赘述了。然而，为了使读者更好地理解质性数据的收集和分析，需要对质性评估中的抽样方法加以简要的说明。

在“确定被访谈者的数量和对象”这一部分，本书作者提到理论抽样、随机抽样、指定抽样三种抽样方法，并选择了随机抽样这一方法来确定被访谈者的对象。三种抽样方法有什么区别？为什么作者会选择随机抽样这一方法呢?

所谓抽样(sampling),是从观察对象的全体中抽取一部分个体作为样本,并通过样本进行分析和研究来推断全体对象(总体)所具有的特征。抽样的基本要求是要保证所抽取的样本能够充分代表全体对象。在量化研究中,样本的数量比较大,采用的抽样方法主要包括随机抽样、系统抽样、分层抽样、整群抽样等。在质性研究中,样本的数量通常比较小,采用的抽样方法主要包括随机抽样、方便抽样、判断抽样、雪球抽样、理论抽样等。下面,先简要介绍质性研究中的几种主要抽样方法,然后说明为什么本书作者采用随机抽样。

所谓"随机抽样",是指通过从总体中逐个抽取个体而得到样本的抽样方法,要求每次抽取时,每一个个体被抽到的概率是相等的(可以采用掷骰子、抽签等方式确保这一点)。所谓"方便抽样",也称"偶遇抽样",是指研究者以自己方便的形式抽取偶然遇到的个体,或者仅仅选择那些离得最近的、最容易找到的个体作为观察对象的抽样方法。所谓"判断抽样",是指研究者根据研究目标和自己的主观判断来选择和确定观察对象的抽样方法。所谓"雪球抽样",是指当研究者不了解总体情况时,可以从总体中少数个体入手,向他们询问符合条件的个体,再去找这些个体询问,获得更多符合条件的个体。

质性研究的核心,是从质性资料的收集和分析过程中生成理论。以上抽样方法都面向质性资料的收集,即如何获得能提供质性资料的观察对象。与这些抽样方法不同,理论抽样则面向理论的生成。所谓"理论抽样",就是通过抽样来寻找的相关数据,并利用数据来澄清概念和生成理论。不同于一般的抽样,理论抽样的核心是利用数据生成理论,强调不能在与理论没有关系的事物上浪费时间。只有研究者从样本的数据中澄清了概念、发展了理论，他们进行的抽样才是理论抽样。

理论抽样是生成性的，主要包括以下环节：①对初始数据进行分析；②建立关于数据的尝试性解释，为每个可能的解释形成假设；③通过进一步的探究来检验这些假设，最终获得最合理的解释。在理论抽样的过程中，往往需要多次进行回访来获得更多质性资料，从而能更好地澄清概念和发展理论，直到没有新的概念属性出现。在理论抽样中，需要理论引导数据分析，将先前的分析结果作为进一步抽样的基础。换句话说，观察对象不是在研究的初期阶段就选择好的，而是在研究过程中根据对已有数据的分析和发展理论的需要逐步确定的。

显然，理论抽样是最符合质性研究特征的抽样方法。那么，为什么本书作者在这一课程评估项目中不采用理论抽样，而是采用最简单的随机抽样呢？之所以这样做，主要是基于以下两点考虑：首先，大学课程评估是一个比较常规的工作，评估的目的并不是生成新的理论，而只是帮助授课教师更好地了解自己课程的价值和效果，并促进课程的持续改进；其次，理论抽样需要考虑众多因素，也需要花费较长的时间，而本书以课程评估为例展示如何快速开展质性评估，需要在尽可能短的时间内完成质性评估的全过程。

第四步：初步了解数据，以个案为单位进行分析

在本书所介绍的质性评估项目中，所获得的质性数据就是访谈资料，采用文本方式呈现(存为 RTF 格式)。对于这些质性数据，本书作者建议采用以个案为单位、以类别为基础的分析方法。以个案为单位的分析，是通过对访谈资料的细致阅读和讨论，为每一个个案形成“个案总结摘要”和“简短称号”；以类别为基础的分析，是利用精心制定的类别系统对访谈资料进行编码，形成综合性的分析结论。第四步介绍了如何进行以个案为单位的分析，第五步和第六步介绍了如何进行以类别为基础的分析。

在以个案为单位的分析中，主要涉及以下三个概念：要点、个案总结摘要、简短称号。下面分别对这三个概念的含义加以说明。

在文本阅读的语境下，“要点”(key notes)指一段文字所表达的主要观点。在大多数情况下，一段文字的要点并不会直接出现的文本中，而是需要由阅读者提炼出来，并采用笔记的形式记录下来。根据阅读时对文本的思考水平，可以将阅读分为浅阅读和深阅读两种类型。所谓浅阅读，就是对文本内容进行快速浏览，只求粗略了解，表现为快速的、随意的、碎片化的阅读；而深阅读，则是对文本内容进行反复研读，力求深入理解，表现为耗时间的、有计划的、系统性的阅读。从阅读的结果来看，判断一种阅读方式是浅阅读还是深阅读，主要是看阅读者是否能够从文本材料中提炼出要点，并将它记录下来。对访谈资料必须采用深阅读的方式，并且是一种多人合作的深阅读，而阅读的结果就是从材料中提炼出来的要点。本书作者介绍了如何从访谈资料中提炼出要点，并将它们记录下来。

在以个案为单位的分析中，对每一个访谈对象都要形成一份个案总结摘要(case summary)，即从这一个案中所提炼出来的所有要点的集合。在本书所介绍的课程评估项目中，每个个案的访谈时间大约为 15 分钟，获得的访谈资料有 50～60 段对话(3 000～4 000 字)。对于每个个案的访谈资料，一般可提炼出 8～12 个要点。将这些要点按一定的结构排列出来，就形成一份个案总结摘要。

正如本书作者所说，一份“个案总结摘要”并不只是一段访谈资料的要点汇总，而且包括对个案给出的“简短称号”(brief title)。这一“简短称号”是访谈资料要点的概括，并且应该能够形象地描述个案的典型特点。在本书所介绍的课程评估项目中，研究者对每个个案都给出了一个“简短称号”，大部分称号都不超过10个字。

第五步：制定类别系统，为访谈资料编码

通过进行以个案为单位的分析，研究者可以了解每一个个案参与课程学习的情况、对课程的感觉和看法、对课程的评价和改进建议等信息。但是，从课程评估的角度看，这些信息不仅是零散的，而且受到个案的个体特性的干扰，不能使研究者系统地、全面地了解课程的价值和效果。因此，还需要对访谈资料开展基于类别的分析，主要包括制定类别系统、对访谈资料编码、撰写评估报告三个方面的工作。下面分别加以说明。

制定类别系统，就是在获得访谈资料的基础上，对访谈提纲所包含的内容进行再一次分类。所区分的每一个类别应该包含明确的内容，并且必须用一个能够反映该类别所包含内容的意义的概念、词语或短句来命名。不同类别的名称应该具有鲜明的区分度，所包含的内容应该相对独立，不能交叉重叠。

与访谈提纲的确定一样，类别系统的制定也不是一次就能完成的，需要经过编制、修改、试用、再修改等多个环节才能得到一个适合的类别系统。本书作者详细描述了课程评估的研究人员制定和修改类别系统的过程，并提供了不同工作环节形成的多个版本的类别系统。

需要说明的是，所指定的类别系统并不是单一维度的，在大的类别之下，可以设置子类别，从而形成一个层级性的类别系统。在质性数据分析软件 MAXQDA 中，“类别”(category)被称为“代码”(code)，形成一个层级性的代码系统。为了使读者更清楚地认识到类别系统和代码系统的关系，图 0-1 将最终形成的类别系统和在 MAXQDA 软件中建立的代码系统并列呈现出来。

个人的条件和之前的学习经验

学习动机

学习的过程

——在三种课堂形式之外的学习
——对期末考试成绩的期待

对课堂的形式和内容的评价

改进建议

最终形成的类别系统

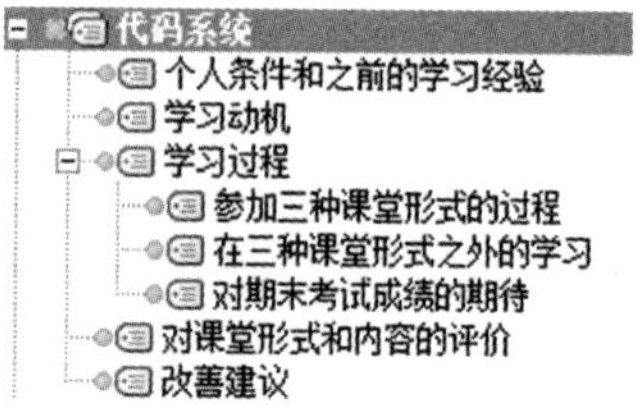

代码系统
- 个人条件和之前的学习经验
- 学习动机
- 学习过程
  - 参加三种课堂形式的过程
  - 在三种课堂形式之外的学习
  - 对期末考试成绩的期待
- 对课堂形式和内容的评价
- 改善建议

在MAXQDA软件中建立的代码系统

图 0-1　类别系统和代码系统的对应关系

制定了一个适合的代码系统(也是类别系统)之后，就可以对访谈资料进行编码了。所谓编码，就是将访谈资料中的语句归入某一类别下的过程。在编码过程中，首先要将访谈资料分解成一定数量的片段(也称“素材”)。每一个片段应该是有实质意义的一个句子或一段话，有时也可以是几段话。判断一句话或一段话是否能够作为一个片段的标准是：在没有上下文的情况下也能让人理解它的意思。

在将访谈资料分解为待编码的片段后，就可以对这些片段进行编码了。本书作者强调，对于同一份访谈资料，一定要由两个以上的人单独进行编码，并对编码结果进行讨论后达成一致。在这一工作环节，MAXQDA 软件能够提供很好的支持。

在编码过程中，有时会出现一个代码(或类别)下包含很多片段的情况。在这种情况下，可以在这一代码下建立若干个“子代码”，并把指定的片段归入相应的“子代码”中，从而能够对访谈资料进行更加细致的分析。对于本书所介绍的课程评估项目，在“评价课程形式和内容”这一代码下包含了 47 个片段，为了更细致地分析这些片段，研究者在这一代码下建立了“批评”“喜欢统

计学”“辅导小组很好”等子代码，并将片段分配到不同的子代码下。(见图 0-2)

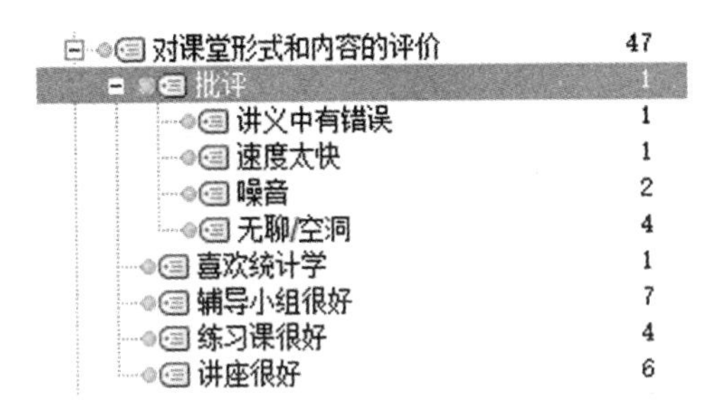

图 0-2 在代码“对课堂形式和内容的评价”下面设置的子代码及编码结果

第六步：以类别为基础进行分析，撰写评估报告

在本书所介绍的课程评估项目中，在对所有被调查者的访谈资料编码后，就可将类别系统中各类别的名称作为评估报告各章节的标题，并根据类别分析的结果撰写评估报告。为提高工作效率，评估项目组将要撰写的各段报告分配给小组各成员，然后再通过讨论达成对报告的修改及各段之间衔接的共识。

在开展以类别为基础的分析，并据此撰写评估报告的过程中，研究者需要整理各代码(类别)下面包含的片段、引用典型的片段内容、分析某一类别的片段在各子代码下的分配情况、运用图形或表格展示指定类别的编码结果。本书详细介绍了如何利用 MAXQDA 软件开展以类别为基础的分析，并对在撰写评估报告时的一些注意事项进行了说明。

第七步：写总结，检查结果，完成最终报告

正常情况下，在第六步完成评估报告后，课程评估工作就算结束了，但本书作者强调，还需要根据项目最初确定的评估目

标，对第六步完成的评估报告进行总结和检查，形成最终的评估报告。

本书作者从项目确定的评估目标出发，根据以个案为单位、以类别为基础的质性数据分析的结果，逐一回答了评估目标中提出的八个问题，并阐述了质性评估的结果为将来课程带来的启发。

在以上工作完成后，本书作者还强调了以下几点：①将评估的结果反馈给评估的项目方，并对评估结果进行讨论；②将每位工作人员撰写的各部分评估报告集中在一个文件中，并由专业的编辑加工成最后的报告；③对统计资料和数据进行适当的存档。

本书的第 4 章对访谈资料的录入、编码和分析的操作细节进行了详细说明，第 5 章提供了七步完成质性评估的时间一览表和工作核查表。这两部分内容为那些想在自己的工作中开展质性评估的读者提供了非常实用的参考。

李亦菲

2017 年 2 月 12 日

1. 为什么使用质性评估?

如上所述，这一研究项目的初衷是要示范如何在100小时内获得由一般的量化评估取得的价值之外的增益。“增益”这个概念只是一个模糊的期待。人们认为，质性评估方法通常具备较高的开放性，在研究中关注的更多的是参与者的想法。这是相对于标准性的量化评估而言质性评估所能获得的增益。至于如何实现“增益”，在项目的起初只是猜测它是可行的，要通过清晰精准地描述项目的研究结果，才能展示如何获得了增益。我们将一周四课时的“社会科学类统计学入门”课程作为评估对象。这门课程是马尔堡大学教育学(硕士学位)的必修课程之一，有将近200名学生修这门课程。

最近几年，德国在全国范围内开展了对大学课程的评估。马尔堡大学也不例外。由马尔堡大学的心理系主导，设计了量化的标准评估方案。评估方案规定，学生在学期末填写一份两页的调查问卷，调查问卷中有4级或5级的“同意”或“反对”的选项。问卷的问题诸如“这位教师的课程设计很有意思”或“这位教师的课程增强了我对这个知识领域的兴趣”等。对调查问卷的统计和分析也是量化的标准性的分析：即每位教师会得到一份多页的反馈报告，报告中有每一项问题的分配率和平均数作为评估结果。同时，这份问卷的结果还会与本系其他教师甚至全校教师的评估结果进行比对。对于问卷中开放性问题的结果，教师会得到原始数据，就是将问卷中开放性问题的结果片段剪切下来反馈给教师。如果教师对“质性数据”感兴趣的话，可通读这些片段。单单提供这些没有加工过的数据片段，就显示了质性数据分析比量化数据分析需要大得多的投入，这也导致了学校没有对质性数据进行分析，而是要每位教师自己来分析和理解这些数据。处理质性数据通常都是很草率的，因为投入是巨大的：首先所有的文字，包括很多不易读懂的文字都要录入电脑中，制定类别①系统并对开放性问题的结果进行编码，即把质性数据和类别进行逐一对应。

相比较而言，对量化数据的分析可以或多或少地自动完成：将问卷进行扫描，然后自动生成数据，平均值可由统计软件计算得出，与其他数据的对比也可以自动生成，甚至还可以自动生成其他统计数据，比如 T－Tests、变量分析、用加粗或星形记号标记出显著性结果。但是，最后却遗留了很多无法回答的问题，比如：是否获得平均分数高的课程就是一门更好的课程？是否可以将“国际法”与“电影分析”这两门课程的结果进行比较？或者当一个有固定时间的讲座在隔年的评估中得到了一个显著不同的结果，这个结果究竟又能说明什么问题？

在量化评估中结合质性评估方法，首先是为了消除这些无法解决的问题以及更好地分析开放性问题。一种不同的分析方法能提供更新、更好的观点吗？我们希望除了每项问题的分配率和平均数外，还能更准确地理解在不同的背景下产生的评估结果。也就是说，不要把学生当作花样滑冰比赛的评分员，让其对课程的设置给出 9.5 或 9.75 的评分，而是要了解学生的动机、学习方式和个人对学习成绩的期待。这也表明，这样的评估不再是传统意

① 原书作者在此处使用的是德语：Kategorie 一词，译者把它翻译成“类别”。在 MAXQDA 中类别被称为代码(Codes)，对“类别”与“代码”的解释请见第 2 章的步骤 5。

义上的评价，而是要改进被评估对象，我们的项目关注对课程的改进和对学生学习成果的改进。

我们的主要目标是要试验和证明，在严格的条件下(100 小时内)是否能够通过质性评估得出非常重要的结果。我们的目标不是要设计出新的评估方案或质性评估方法。我们的关注点是实践中的操作，即制定出一套有效且高效的使用质性方法研究的操作手册。需要说明的是，把我们在方法方面的建议局限于某个特定的评估模型下是没有意义的，因为质性方法的使用与采用哪一种评估模型无关[①]。

按照弗里克的观点(2006，第 18 页)，质性评估是在某一评估项目中运用质性的研究方法，由于质性评估方法本身是多种多样的，所以在质性评估中对于质性方法的使用也有必要“继承质性方法的多样性”。描述质性评估的作者有义务向读者呈现在多种质性方法中究竟运用了哪些方法。本书作者对于研究方法的理解可被称为“实用型”。我们认为，在美国实用主义的传统下(Charles Peirce，William James，John Dewey)[②]，对于实证研究所运用的研究方法来说，重要的是通过这个方法是否可以获得或补充新的有实用价值的知识以及产生某些影响。实证研究所要解决的问题以及基于此所提出的研究问题是排在第一位的，而非研究方法本身。我们的理解是，通过研究来回答核心问题是研究过程的重点和意义所在。为了能够回答这个(些)核心问题而运用的研究方法是“适合研究对象”的，所以这些方法才被认为是合理的。认为质性评估和量化研究是彻底的对立面，实际上是不合适

① 在不同的评估项目中运用质性方法的梗概请见贝维尔(Beywl 2006)出版的书籍。

② Michael Bacon(2012) Pragmatism：An introduction. Cambridge：Polity Press.

的。凯勒有力地论证了“解释－理解争议”[①]，即当人们认为能用统一的理论解释某一行为时，其实是忽视了行为的前提条件。因为行为规则不是放之四海皆准的规则，而是以时间和空间作为前提条件的。行为的条件、行为的目的、行为的规则都会在不同的情况和背景下有很大的不同，而且会被有能力的个体在规定之内修改。人们必须清楚，行为会带来不明确的、意外的结果以及副作用。想只用量化评估方法来获得完整的、复杂的、能产生作用的所有自变量，是不可能的。运用质性方法的必要性也在于去发现评估前和在设计评估时还不为人知的事实（卡勒，2006，第120页）。实际上，在最近的评估研究中也经常运用到“混合方法研究”（mix-method-research）。在本书接下来的章节中要介绍的质性方法主要是用于将行为规则系统化并发现行为规则，所以采用的是一种概括性的编码分析方法，而非对内容的广泛解释。由不同的科学家，例如马克思·韦伯（Max Weber）、保罗F·拉扎费尔德（Paul F. Lazarsfeld）、库尔特·莱文（Kurt Lewin）、克里斯特·霍珀芙（Christel Hopf）创建的质性研究方法以及其对评估的贡献，也应通过这次的示范性评估项目被证明出来。

---

① “解释－理解争议”是19世纪末在德国发起的一项讨论，目的是讨论对社会科学本身的理解，这项讨论在社会科学界有很重要的地位。那些以自然科学的思维方式思考的人们主张，社会科学也要和自然科学一样，要用“解释”的方法来研究世界。反对的人则认为，社会科学要向人文科学靠拢，即社会只能通过描述主观感觉来研究，所以“理解”的研究方法是最重要的。

2. 七步完成质性评估

在这一章里，我们将根据评估项目进行的时间顺序，尽可能详细地描述出质性评估的每一步。一些前提条件在项目的开始阶段就已经确定，主要包括：

• 评估对象：大学课程“社会科学类统计学入门”

• 评估小组：由 4 名研究人员组成

• 评估项目所需的时间：总共 100 个小时(将所有工作人员的工作小时相加获得)①。

这一章对评估的七个步骤的描写要达到两个主要目标：一是尽可能翔实易懂地描述我们的评估过程，二是介绍这次评估本身的部分结果。以这种方式完成的质性评估，即所谓的对“实际问题”进行仔细的研究和观察。

在本书最后一章(第 5 章)②，会为读者呈现一个包括所有工作步骤的“时间一览表”以及在实践中完成这七步所需的任务列表。

---

① 100 个小时是评估所需的时间。前提条件是所有的工作人员都熟练掌握文章分析、统计计算软件和 MAXQDA 软件。

② 在原版的德文书中，作者在原本的第 5 章以及每一章的结尾都推荐了有关评估的书籍及网站。由于作者推荐的绝大多数都是德文读物，故在中文翻译版本中省掉了原本的第 5 章以及每一章结尾的推荐读物。有兴趣的读者可以在“参考书籍”中查看本书所引用的书籍以及作者所推荐的有关评估的德文及英文书籍。

步骤 1：确定评估对象和评估目标

所有评估项目的第一步都是要确定评估对象和评估目标。

评估对象

对象是大学课程“社会科学类统计学入门”，这门课程是所有攻读教育学硕士学位的学生在大学初级阶段的必修课程。按照规定，这门课程在第一学期进行。这门课程的设置为一个学期、一周四课时，包括以下组成部分：

- 每周一固定的 2 课时讲座，学生在这个讲座上会第一次接触到要学的课题。
- 每周二 2 课时的练习课，主要目的是消化和复习周一讲座里所学的知识，方式是让每位学生通过练习来实际运用所学的知识。
- 每周一和周四提供三个辅导小组，目的是为那些在理解和实际运用上有困难的学生提供帮助及个人辅导。由于经费紧张，无法为每一名学生提供辅导：大约有 200 名学生参加讲座，三个辅导小组只能让 90 名学生得到辅导(每周三次，每次约 30 人参加)。

在学期末会进行一次闭卷考试。为了取得这门课程的“通过证明”，学生必须通过这一考试并完成一个以小组为单位的研究项目(一般是 8 人一小组)，在这个小型的研究项目中要运用到所学的统计学知识。每个小组要完成一篇报告，这篇报告的大纲是已经规定好的。这门课程的教学内容主要是描述统计学以及推论统计学的基础方法[①]，主要采用尤尔根·博尔慈(Jürgen Bortz,

---

① 推论统计学是研究如何根据样本数据去对统计总体的未知特征做出以概率形式表述的推断。

2005)的教科书。讲座中所展示的幻灯片都被装订成讲义，学生在开学初可以买到。

开展这门课程的目标是让学生掌握社会科学类统计学的知识并能在教育学研究中实际运用统计方法。对于实现这个目标而言，每周 4 课时(大学初级阶段总共 80 课时)是不够的，为此，马尔堡大学的教育学系决定在教育学本科[①]课程中增加有关实证研究的课程。

评估目标

对一个学科或一门课程的质量评价不能像汽油或石膏板的 ISO 质量评价标准一样。相比于其他教育学的课程，在“社会科学类统计学入门”这门课程的设置上，可以很快在“什么内容是这门课程绝不能省略的内容”方面达成共识。这类统计学课程的质量主要取决于三方面：

- 第一是内容，即这一课程的内容是否包括了被公认为是基础知识的知识。
- 第二是教学方法，即这门课程的教学(提供练习题、辅导小组、讲义等)是否成功传授了知识。
- 第三是可以测量的学习成果，即有多少学生以何种的程度掌握了这些专业知识。这里还要注意的是，学生掌握的有多少是“死知识”，有多少是“实用知识”。

德国大学在评估课程时，很少将以上这三点作为评估的要点，而是将学生对课程的满意程度、课程是否唤起学生对课程知识的学习兴趣、教师的教学行为或者课程是否为学生提供了某领域的概况等当作重要的评估要素，而以学生问卷来评估学习成果是很难有效的。在这方面，质性和量化的调查方法几乎是没有区别的，除非调

① 在欧盟对欧洲大学学位统一化的背景下，德国所有的大学都被迫把原本适用于所有专业的硕士学位改成学士、硕士分开的学位。

查被赋予了考试的性质。就我们这次质性评估而言，目标主要也是针对一些“软指标”，不把调整课程的基本设置作为目标。它的参考数据是大学整体范围的量化评估结果。除了大学整体范围的量化评估结果外，质性评估结果可以提供额外数据作为补充。经过评估工作小组的讨论，我们确定了以下三项主要目标：

目标一：回答有关“被评估的课程和学生的个人学习行为”的问题。

(1)学生学习这门课程的基础条件是怎样的?

(2)学生参加讲座、练习课和辅导小组的情况如何?

(3)学生为学习这门课程付出了怎样的努力?例如是否阅读教科书和(或)讲义?

(4)学生如何学习这门课程(例如自己组成学习小组)?

(5)学生所采用的学习方式与他们学习这门课程的基础条件有怎样的关联?

(6)学生对于通过考试是否有信心?是否想要取得优秀的成绩?

(7)学生如何评价讲座、练习课以及辅导小组?

(8)学生对改进这门课程有哪些意见和建议?

目标二：改进今后的课程

第二项目标是提高这门课程的质量。通过收集学生的反馈和批评，将其进行系统的整理，并审视和判断实施这些反馈意见是否可行。这一目标与达成第一项目标有密切的相关性，因为第一个目标中的问题答案能使这门课程的设计更好地符合学生的学习需求。

目标三：明确质性评估的增益

第三项目标是要明确质性评估的优势，并以评估“社会科学类统计学入门”这门课程为具体案例来说明质性评估的增益究竟体现在什么地方。这不是一般的评估项目传统意义上包含的目标，而是要将其归于研究方法中。通过达成这一目标，我们的研究项目就有了双重特性，这一特性是一般的评估不具备的。

一般来讲，依据实施评估的不同时间点，可将评估分为两类。一类是“伴随过程”并对过程有直接影响的评估，被称为形成性评估，主要目的是直接改进仍在进行中的评估对象。形成性评估的过程是伴随评估对象，并且可以根据评估的阶段性结果对评估对象产生影响。另一类是总结性评估，即在某一事物的后期或结束之后进行评估。总结性评估的目的主要是检验评估对象采用的方式和其本身造成的影响。

对大学课程“社会科学类统计学入门”的评估既有总结性评估的特点，又有形成性评估的特点。一方面，说它是总结性评估，是因为我们评估的是 2005/2006 冬季学期这门具体的课程。另一方面，如果把“社会科学类统计学入门”这门课程看作是一项每年都要实施的“项目”，并且需要不断进行完善，那我们的评估就是形成性评估：评估结果要反馈给还在进行中的项目，课程应通过评估被完善和更有趣地开展，课程应该更多地关注学生的学习方式，提高学生对于这门课程的学习兴趣。

步骤 2：确定访谈提纲和简短调查问卷的内容

我们的工作小组要设计一份适合评估统计学这门课程的问题目录。与标准化的量化调查问卷不同，质性评估的调查问卷需要利用开放式的问题来获取信息。例如，通过标准的量化调查问卷能够比较容易地得知“下周日如何进行投票选举”；比较难获悉的是“为什么是这个政党，而不是那个政党被选以及被选与什么因素有关”。同样，在我们的评估项目中，诸如学生的基本信息和数学课成绩是通过标准化的问卷获得的，而学生是如何进行期末考试复习则要通过开放式问题才能获得。

在工作小组中，首先通过“头脑风暴”的方式将我们认为重要的问题和题目都列举了出来。其中，例如评估目标之一“评估和改进课程”(参考步骤 1)受到了额外的关注。在列出来的题目中，题目下的所有子问题也都被列了出来。所有适合标准问卷的问题被列在一份简短的问卷中(见图 2-1)，其他问题则被列在访谈问题大纲中(见表 2-1)。

最后，我们通过试验性的访谈，对这些问题进行了检验。这次试验性的访谈帮助我们更好地估计出访谈所需的时间，并让我们对问题进行了细微的修改和补充。通过试验性的访谈，我们还可以记录下对某些问题需要进行的说明和解释，这样在将来的访谈中如果被访者有疑问，访谈者能够快速地给出说明。

项目的访谈问题大纲由四个部分组成，这四个部分也能反映出我们的评估兴趣。第一部分询问的是学生通常是如何安排他的统计学课程的(以一周为单位)，即参加不同类型的课堂形式(讲座、练习课、辅导小组)。询问学生的其他学习方式也属于这一部分。第二部分询问的是个人对于社会科学类统计学的感觉和想法，我们的兴趣在于了解这个人的感觉和想法是否会在学期中有所改变。第三部分主要是询问学生个人对于这一课程的评价和改进意见。最后一部分主要询问有关期末考试的问题，学生是如何进行复习和期待获得什么样的成绩。

在访谈过程中，访谈者可以根据访谈问题大纲的内容进行提问，这样能让整个访谈过程更有条理，可以避免在访谈中没有询问到对于评估很重要的问题，或是访谈跑题太远。访谈问题大纲要包括对研究项目重要的问题。访谈问题要尽量让被访谈者不能以简单的“是”或“不是”回答。例如：“您喜欢上统计学课吗?”这样的问题就不是一个有效的问题。这样的问题更适合标准的量化问卷。相反，“请您描述您上统计学时的感受”就更加适合质性的访谈问题。

除了访谈问题大纲，我们还设计了一份简短的标准的量化问卷：

简短问卷

“您好！我们进行这次评估是为了了解学生对统计学课程的评价。评估目的是通过您的反馈来改善课程。这次评估是以匿名方式进行，采访结果不会泄露个人姓名和个人信息。”

1. 您的专业和所在学期：

2. 您的出生年份：

3. 您的性别：○男　　○女

4. 您参加以下课程形式的频率：

	一直	经常	至少两周一次	很少	从不
周一讲座					
周二练习课					
辅导小组					

5. 您参加以下课程的频率是否在学期中有所改变？是□　　否□

如果是，是如何改变的：

	参加的次数越来越多	保持一样	参加的次数越来越少
周一讲座			
周二练习课			
辅导小组			

6. 您的数学高考成绩________。

7. 您对“社会科学类统计学入门”这门课程的满意度(1～5；1：非常好；5：非常不满意)________。

8. 您如何评价教育学(硕士学位)大学初级阶段的其他课程？请给出分数(1～5；1：非常好；5：非常不满意。)________。

图 2-1　简短调查问卷

表 2-1 访谈问题大纲

问　　题	具体说明
请您描述您通常对学习统计学的一周安排 您参加哪些课堂形式？ 您用些什么学习材料？ 您和谁一起学习？	例如参加讲座、练习课、辅导小组、组成学习小组
您对学习统计学的感觉如何？ 您的感觉是否在学期中有所改变？是如何改变的？	对于统计学有好或不好的感觉吗？ 对于学习这些知识是否有恐惧感？ 是否觉得要学的东西太多了？
回顾一下这门课程，您如何评价这门课程？您对这门课程有何改进意见和建议？	对于所有的课堂形式进行回顾：讲座、练习课、辅导小组。请提出可行性的建议和意见
请您描述您是如何准备期末考试的。您期待的分数是多少？	比如单独学习、小组学习、参加模拟考、阅读参考资料等

以简短调查问卷的方式来取得学生们的基本信息是快速和有效的。除此之外，这份问卷还可以收录会大量延长访谈时间的问题。这份问卷为我们的评估提供了重要的评估背景信息，例如数学高考成绩或是对这门课程的评价分数。通过运用这份调查问卷，还可以把通过抽样获取的访谈人群的背景信息和参加这门课程整体的学生背景信息作比较，以此更好地理解和分析访谈结果。因为有可能正好访谈了对这门课程很感兴趣的人，或是正相反。这份问卷需要在访谈前进行填写，也是让被访谈者对访谈题目进行内容上的准备。

步骤 3：访谈，录音和转录

一次访谈涉及许多问题，每一个从事质性评估的人都要面对这些问题：应该访谈多少人？如何选择被访谈者？什么时候访谈？谁来进行访谈？如何进行访谈、录音并转化为书面文字(转录)？

确定被访谈者的数量和对象

在 200 名学习“社会科学类统计学入门”的学生中，我们随机挑选了 14 名并访谈了其中的 10 人。抽样数量占总人数的 5%。考虑到有人可能会临时取消访谈，我们多找了 4 名学生作为后备的被访谈者。在选择访谈对象方面，一般根据理论抽样①来有方向、有目的地选择被访谈者，或者可以挑选“永远坐在最后一排的学生”或“喜欢提问的学生”。显然，理论抽样需要更多的时间和更多的考虑。在这次评估项目中，我们不具备这些条件，而随机挑选被访者是一个合理且快速的解决方案。之所以将访谈数量定为 10 人，是考虑到我们之后录入和分析数据所拥有的时间。挑选这 14 名被访者是利用 SPSS 软件的“随机抽样”功能实现的，除此之外，其他软件或方法也可以实现随机挑选。例如 www.random.org 网站可以提供快速的随机挑选。投票箱、掷骰子或是抽签也是可行的方法。原则上会选择“随机抽样”而非“指定抽样”，因为这样能避免只选择熟识的人或是只选择积极主动

---

① 理论抽样是一种选择样本的方法，并被应用在扎根理论中(Grounded Theory)。扎根理论由 Anselm Strass 与 Barney Glaser 首先提出。运用理论抽样的方法，被研究者不是在研究的初期阶段就已经被预设以及选择好，选择什么样的对象进行研究是在研究过程中逐步进行的。由理论做引导进行数据分析，由此产生的分析结果作为理论抽样的基础。选择什么的样本不是根据抽样的计划，而是依据对所研究问题的逐步展开的分析结果。

的学生作为评估和调查的对象以致可能扭曲评估结果。

访谈的时间点以及接触被访者

我们评估项目的目标是要评估“社会科学类统计学入门”这门课程。这就限定了我们访谈的时间只能是学期的最后一周。在学期中，学生还无法对课程进行整体的评价；而学期结束后，许多学生就会离开学校并且会很快淡忘对课程的印象。期末考试之前的两周对于我们来说是最理想的时间点。在考试前的统计学课堂上是接触被访者的最好机会，因为考试前所有的学生都会来听课。在课堂上，我们会向学生们说明评估课程以及填写问卷的事情，10名被访谈者则被要求在听课结束后与我们约时间接受访谈。

谁来主持访谈以及如何进行访谈？

对我们来说很重要的一点是，访谈者要了解调查的内容和目的，这样才能进行适当的追问。我们决定让4名工作小组成员主持访谈。我们把访谈安排在教育系的一间办公室进行，使访谈在不被打扰的环境中进行(可以在门上挂一个“请勿打扰”的字条并将办公室的电话暂时关掉)。每个访谈都计划在15分钟内完成，包括填写简短调查问卷和进行自我介绍。

每一位访谈者都在简短的开场后，介绍这次访谈的主要内容和访谈目的，强调访谈以匿名方式进行并且绝不会对期末考试有任何影响。从访谈一开始，我们就对访谈过程进行了录音，以便之后对访谈内容进行分析。在得到了被访者的同意之后才可以进行录音。我们用书面签字的方式确认被访者同意录音的意见。在访谈中，访谈者通常会参考已经准备好的访谈提纲进行提问，在必要时也会给出额外的信息(例如具体的说明等)。此外，当被访谈者提到了一些有趣的事情但不再继续叙述时，访谈者就要进行适当的追问。在整个访谈过程中，访谈者在保持好奇心和开放心

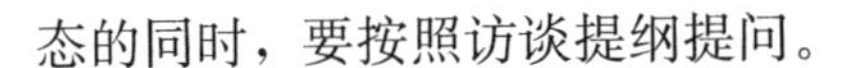

态的同时，要按照访谈提纲提问。

对访谈进行录音

为了对访谈内容进行详细而合理的分析，需要对访谈进行录音并将访谈内容进行文字转录。通过录音，一方面可以让访谈者完全集中精力在访谈上，而不用一直做笔记；另一方面，还可以避免之后在录入访谈内容时，曲解访谈内容。在近几十年中，访谈录音通常会使用录音机或是小型的磁盘录音器材。如今，具备同样功能但更加物美价廉的数码录音器材成为更好的选择。数码器材更加轻便，更容易实现与电脑的传送并且更方便录入、存档或是通过 E-mail 进行数据传递。与听写相比，访谈的录音格式有不同的要求。数码听写器材通常的 DSS 数据格式①对于访谈录音完全不合适，而且当麦克风的距离较远时，它的高度压缩会导致收音质量差。USB-MP3-Player 通常是内置麦克风，提供的录音质量也较差，这样就会为日后的录入带来困难。无论如何都必须在正式访谈前对自己的录音器材进行试录，以熟悉录音功能。在录音的过程中，我们把录音器材放在了一个相对较软的平面上，这样能减少录音器材的振动或与桌子之间的碰撞带来的噪声。只要按下"录音"键就开始录音了，从这一刻起就不必再关注录音器材了。当然，要注意录音器材的电池是否充足。

对访谈录音内容的文字转录规则以及转录

对于转录的通常定义是："用文字记录下人们的交流过程，通常是以录音或其他记录材料为基础。不同的研究目的对于转录的篇幅有不同的要求。"(ILMES 2008)。

评估项目中的转录要符合科学性的要求，所以转录时要遵守固定的转录规则。转录规则要以能够满足研究计划和获得所需的

① Digital Speech Standard(DSS)是由国际语音协会定义的压缩数字音频文件格式。

数据为准。例如，有时候需要大致的访谈内容即可，有时则还要关注非语言的沟通。如果是由多人进行转录，使用转录规则会让转录的内容更加易懂，并且有统一的转录方式。特别是利用电脑转录时，恰当的转录规则能实现电脑中的例如“查找”功能和“区别不同讲话人”的功能(例如把讲话人的姓名都统一用大写的拼音表示，而出现在对话中的姓名则用其他方式表示)。

对于这个评估项目，我们选择了简单的能快速学会的转录规则①：

(1)我们转录的是字和词，不是所有发声的音节，也不是把内容总结后再转录。话语中的方言不被转录。

(2)在语言和标点的转录上，我们都尽量靠近书面语。例如，对于“他提到过一本儿书”，我们会转录为“他提到过一本书”。

(3)所有涉及被访者的信息都被匿名处理。

(4)明显的、时间较长的停顿用“……”标识出。

(5)特别强调的词语或句子用下画线标出。

(6)访谈者在表示肯定和同意时会用诸如“嗯”等的语气助词，只要没有打断被访者的说话，就不被转录。

(7)另外的人提出的异议或反对会用括号标出。

(8)当被访者用声音(例如笑声、叹气声)支持某一说法或说明某事时，会用括号标出。

(9)字母“I”表示访谈者，字母“B”表示被访谈者，通过加上数字来区分不同的被访谈者(如B4)②。

10. 每一次讲话人交换时，都会用两个回车符号(即在两个讲话人之间空出一行的距离)作为分界，以便于之后的阅读。

---

① 其他的复杂的录入规则请见库卡茨(2007，第37页以及之后)。

② 德语中访谈者为Interviewer，被访谈者为Befragte。所以用I表示访谈者，B表示被访谈者。

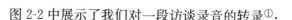

图 2-2 中展示了我们对一段访谈录音的转录[①]：

> B7：我和，我和我的男朋友组成了一个学习小组。也就是说，我给他讲两遍，然后我也能更加熟悉这些内容了。此外，我还和在统计学的项目小组中认识的一个人一起学习。
>
> I：那你自己感觉怎么样？你对学习统计学持积极的还是消极的态度或者(……)
>
> B7：我很喜欢学习统计学。我本来一开始也没想到。不过我以前喜欢数学，所以我觉得学统计学感觉还可以。
>
> I：那这个态度有没有在学期中发生改变？(B7：有!)如果有，变化是怎么样的？

图 2-2　一段访谈转录的例子

录音转录的内容需要一种合适的软件，诸如 Windows Mediaplayer，iTuens 或其他音乐播放软件都太不适合。它们都缺乏让转录更为简便的功能，主要包括：放慢录音中的讲话速度，暂停后的自动回放功能(1～2 秒钟)，使用足部控制器控制“开始”“暂停”等，用自定义的组合键实现添加时间标识和某一词组。

这一步骤可以通过使用质性数据分析软件实现，例如 MAXQDA、ATLAS. ti 或是 NVIVO 以及用于转录的 f4 软件[②]。使用 f4 软件，可以用鼠标、组合键或足部控制器来实现转录的暂停和继续。在转录完成之后，我们把转录的数据存为 RTF(Rich－TextFormat)格式，因为下一步的分析数据要用到 MAXQDA 软件，而 MAXQDA 要求数据都是 RTF 格式。我们把每一段访谈

---

① 两段完整的采访转录可见本书的第 4 章。

② 这些软件的试用版可以在网站上免费下载：www. maxqda. com，www. atlasti. comwww. qsrinternational. com，www. audiotranskription. de。录音转录可以通过使用购买 f4 软件来实现。这个软件能够支持、加速和简化录入过程，可以省掉 30％的录入时间。使用足部控制器录入的结果可以直接转化为 Word 文件。

转录都分别以被访者的名字(例如 B1、B2)进行存储。

根据我们的经验，一定要为转录留出充足的时间。转录所需的时间取决于打字的速度以及录音的清楚程度，一般是录音长度的 4～8 倍。在我们的项目中，10 段访谈总共 1 小时 25 分钟，我们用了总共将近 9 小时的时间进行转录(两者之比是 1∶6)(见表 2-2)。

表 2-2　访谈转录所需时间一览表

访谈	长度	转录
B1	8 分 02 秒	50 分
B2	7 分 45 秒	60 分
B3	10 分 46 秒	62 分
B4	8 分 58 秒	60 分
B5	6 分 51 秒	48 分
B6	3 分 08 秒	28 分
B7	6 分 12 秒	39 分
B8	5 分 42 秒	39 分
B9	15 分 39 秒	80 分
B10	12 分 10 秒	70 分
总共	1 小时 25 分	8 小时 55 分

将资料导入分析软件 MAXQDA 中

分析访谈资料当然可以用纸和笔来完成，但是一个专门的资料分析软件会让分析过程更加简便，并且能对资料内容进行探索、编码，能够更加简便地处理大规模的数据。我们决定使用 MAXQDA 软件进行分析①，因为它操作简便、很容易学会。为

① 关于更多 MAXQDA 的功能、试用版以及 Online 使用指南可以登录 MAXQDA 官网：www. maxqda. com。

此，需要把录入好的资料导入 MAXQDA 中。以下将简要描述这个过程。

如上所述，我们把所有的转录资料都存为 RTF 格式。为了把这些资料转移到 MAXQDA 中，它们在导入时不能被 Word 同时打开。首先，我们在 MAXQDA 中新建一个项目，然后用拖拽功能将资料导入 MAXQDA 中。为了让每一段访谈资料都附有重要的背景信息(如这一段资料由谁做的访谈，或者对这一资料的个案总结摘要，见第四步)，我们为每一段访谈资料都写了备忘录(Memo)。这样我们就能很简单且快速地看到属于每段访谈资料的背景信息。在资料转移到 MAXQDA 后，呈现出如图 2-3 所示的画面。

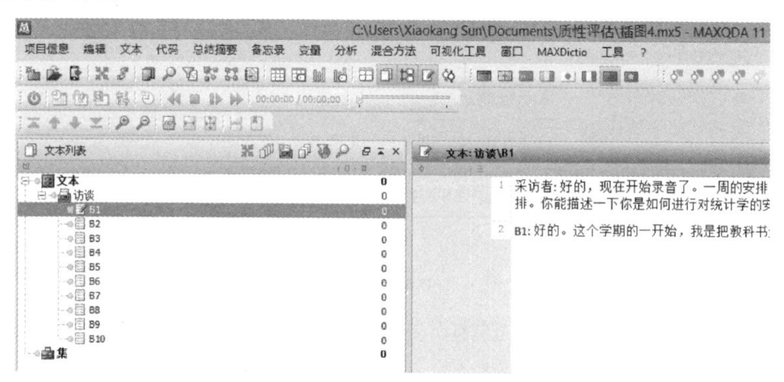

图 2-3　文章录入分析软件 MAXQDA 后的截图

导入简短问卷的数据

除了访谈资料外，我们还需处理简短问卷的数据。为了能够在分析访谈资料时也能用到问卷数据，我们将问卷数据导入 MAXQDA“变量”——“导入变量矩阵”。这样，每一段访谈中的被访者都有年龄、性别、数学考试成绩等背景信息。依据问卷中的数据特点，我们对变量做了如下的定义(见表 2-3)：

表 2-3　简短问卷的变量

问题的号码	变量名称	变量类型
1	所在学期	整数
2	出生年	整数
3	性别	字符串
4	参加讲座	字符串
	参加练习课	字符串
	参加辅导小组	字符串
5	参加课程是否有改变?	字符串
	参加讲座的改变	字符串
	参加练习课的改变	字符串
	参加辅导小组的改变	字符串
6	高中数学成绩	整数
7	对统计学这门课程的满意度	整数
8	对其他课程的满意度	整数

要增加一个新的变量，只需在 MAXQDA 的变量窗口下，在已经存在的一个变量列的头部单击右键并选择“添加变量”，在打开的窗口中就可以为新增的变量定义类型。例如出生年份就是一个典型的数字变量。我们项目中的变量矩阵如图 2-4 所示。

全部

文本名	学期数	出生年份	性别	上讲座课的频率	高中数学成绩	对统计学课...	上练习课的...	字节（...
B01	1,00	84,00	女	非常经常	6,00	2,00	非常经常	7315
B02	1,00	86,00	男	很少	9,00	3,00	至少两周一次	8220
B03	1,00	73,00	女	非常经常	2,00	4,00	非常经常	9875
B04	1,00	84,00	男	至少两周一次	8,00	2,00	总是	10427
B05	1,00	75,00	男	总是	2,00	1,00	总是	5729
B06	1,00	86,00	女	很经常	9,00	2,00	非常经常	2938
B07	2,00	84,00	女	只是两周一次	13,00	3,00	至少两周一次	6054
B08	1,00	84,00	男	很经常	6,00	2,00	总是	4663
B09	1,00	79,00	男	总是	7,00	2,00	总是	13800
B10	1,00	85,00	女	少两周一次	11,00	4,00	非常经常	12567

图 2-4　调查问卷结果在变量矩阵的摘要

这个矩阵由 10 行组成，也就是每一位被访者占一行。“列”代表了变量。其中“学期数”和“出生年份”被定义为完全的整数变量，剩下的变量都定义为字符串变量(文字)，这样能很好地改进数据矩阵的“可读性”。图的最右边一列还显示了每段数据的字符数量，这代表了每段访谈内容的篇幅。

步骤 4：初步了解数据，以个案为单位进行分析

在录入访谈资料并将其导入 MAXQDA 后，就可以对数据进行初步了解。首先，必须阅读这些访谈资料。如果想节约纸张，可以直接在电脑屏幕上进行阅读，但许多人还是更习惯将其打印出来阅读。

依据我们的经验，在第一次阅读时也要随时在纸的边缘处记录下你认为值得注意的地方以及自己的想法。如果只是阅读而不做笔记，阅读将是非常无效率的。在你有 10 段访谈资料的情况下(约 30 页 A4 纸)，仅靠阅读很难对访谈的内容获得概括性的了解。想要快速获得访谈资料的概况，可以采用以下介绍的做法。

在阅读每段访谈时，最好用电脑以“要点”的方式记下你认为重要的和值得关注的地方。这样就会获得以个案为单位的总结摘要，这是之后讨论如何分析数据的最好依据。在我们的项目中，有一位工作人员列出了以个案为单位的总结摘要，依据他对每个个案所列出的总结摘要，我们对每一段访谈都进行了讨论。如果其他工作人员对某一个个案的总结摘要提出了他认为值得注意的地方时，这个总结摘要的内容就会被补充。

个案的总结摘要并不只是对每段访谈的要点汇总，还包括对每一个个案所给出的“简短称号”。每个称号应该能最贴切地描述出这个个案的特点，例如“现实主义者”(非数学达人)。通过工作

小组的讨论，这些称号被进行了改进和润色，直到确定找到了最恰当的称号为止。

小组讨论时自然会碰到一些横跨个案的题目和假设，例如，在我们评估中的“学习方法”这一项。为了避免在横跨个案的讨论中迷失方向，检查是必不可少的。一个有益的做法是把要分析的点记录在相应的主题下，并在以类别为基础的分析中对这个主题进行处理(请见步骤 6)。

以个案为单位的分析可以采用下面不同的方法和步骤进行：

(1)结合调查问卷的结果。

被调查者的数学高考成绩是多少？结合调查问卷中的结果，可以印证访谈者对访谈内容的初步印象，支持对访谈资料的进一步理解，并提供额外的参考信息。

(2)在个案之间进行相互比较，寻找不同点。

“与 B1 相比，B2 是一个自学者”或者“与其他人相比，B10 缺乏学习动力”。通过分析 10 个个案，人们有机会对这些访谈结果采用对比的方式进行分析，并得出比较式的说法。

(3)寻找适当的形容词解释被访者的感受。

“我认为，B3 感觉自己无法达到要求。”在通常情况下，为被访谈者寻找适当的形容词并尝试解释他们的感受会对分析有帮助，特别是能帮助确定属于他们个案的“简短称号”。

按照以上的方法和步骤，我们对每段访谈的分析会越来越快速，因为我们已经讨论了横跨不同内容的题目，我们已经知道了分析的重点在哪里，对于讨论的需求也越来越少了。刚开始时，我们对于个案的讨论用了 15 分钟，之后对个案的讨论就只用了 5 分钟。

以下展示了我们以个案为单位的分析结果：个案 B1 和 B2 的细节信息以及属于其他 8 个个案的简短称号。我们把所有的个案总结摘要都以“备忘录”的形式存在“MAXQDA 的项目文件”下，这样我们就能非常容易和快速地查看到这些信息。

B1：拥有积极的态度，但(对期末考试成绩)没有野心

——学期期中才开始对辅导小组有兴趣。

——练习课和辅导小组是最好的，但是有太多人在学期期末才参加。

——以参加辅导小组代替自己的预习和复习。

——认为讲座的整体结构很好，并获得了好的学习效果。

——没有自己的学习小组(更多是和朋友一起学习)。

——希望有更小型的学习小组。

——没有阅读额外的读物，认为自己的笔记已经很好了。

——模拟考试的结果还可以，能够通过考试对于他来说已经满足了。

B2：实用的自学者

——一直喜欢数学，现在也喜欢统计学。

——很少去听讲座，更多的是参加辅导小组。

——在家能够更好地集中精力学习，所以比较少去听讲座。

——讲座没带来什么效果，因为什么都没听懂。

——网络上提供的练习题和练习题答案是他的学习资源。

——买了博尔慈的教科书并且把整本书都阅读了。

——觉得辅导小组非常好。

——对统计学有其他预期和想象，认为统计学应该更实用些。

——他的学习方式在学期中段有了非常大的变化。

——他建议，提供更多的时间用于练习并且应有更多的内容可以做笔记。

——感觉自己的备考很成功。

B3：潜在的不堪重负者

B4：现实主义者(非数学达人)

B5：轻松的消除恐惧者

B6：完全没问题者

B7：初级辅导员

B8：积极地使用所有学习资源的人

B9：积极的实践者

B10：感到无聊的人

步骤 5：制定类别系统，对访谈资料进行编码

在所有的项目组成员都通过以个案为单位的分析获得了整体数据的概况后，我们决定用“以类别为基础”的方法继续对访谈资料进行分析。我们认为，这种分析方法是用某一角度来详细考察所有的访谈资料，即戴着不同的“眼镜”来审视和分析数据。这些包含特定内容的角度被统称为“类别”(category)，它们在 MAXQDA 中被称为“代码”(code)。这些代码可以全部总结在一个类别系统下，可以创建“父类别”和“子类别”。从操作的角度来看，必须用某个概念、某个词或是一句短语来描述和明确每一个类别所包含的意思，比如“已经具备的知识”或者“被调查者在学习新知识前有哪些可用的知识储备”。依据这些类别来阅读访谈资料，可以把内容上属于同一类别的语句都归入相应的代码中。将访谈资料中的语句归入某一类别下的这一过程，在社会科学中被称为“编码”。这种归类的方法可以参考本书的第 4.2 节“一段被编码的访谈资料”。

制定类别系统和编码规则

为了给调查资料制定一套合适的类别系统，每一位工作人员都首先想出了五个类别。类别需要满足两个条件：一方面，要充分考虑到我们的评估目标；另一方面，类别要能简便地运用在我们的资料上。在制定类别时，除了以评估目标、访谈提纲、调查问卷为基础，还要考虑访谈本身以及(之前已经获得的)以个案为单位的分析结果。

为了更清楚地展示，我们把一个类别建议的实例展示在图 2-5 中：

成见：这个类别涉及学生所有的先决条件，他们的数学成绩、对自己的定位，对统计学课程的预期等。

对阅读学习资料的投入：是否以及如何阅读博尔慈的教科书和讲义。

学习方式：学生的学习形式和方法(自学、在学习小组里学习等)。

学习过程：所有与学生参加三种课堂形式(讲座、练习课以及辅导小组)有关的事情，包括次数、如何分配参加的时间，以及这些因素在学期当中的变化。

学习动机/野心：学生参加三种课堂形式的动机，对自我学习能力的评价以及对期末考试的准备和对考试成绩的期望。

改善意见：所有对这三种课堂形式提出的改善意见。

图 2-5　例子：项目工作组对类别的建议

作为继续讨论的基础，一位工作人员总结了所有人提出的对“类别”的建议，如图 2-6 所示。“类别”以及它的“子类别”被加粗，对类别的解释则是用的普通字体。

我们认为，制定的类别系统要符合以下要求：

(1)对“类别”的定义不要太详细，不要包含太多内容，这样能够保证在“类别”下能有足够的数据，并且分析过程不会太麻烦。

(2)类别之间的区分度要高。

(3)考虑到之后要写评估报告，例如在评估报告中要对某一类别进行描述，这个类别要能够以称号的样式出现。

(4)对类别的定义要考虑评估目标以及评估项目中要回答的问题。

(5)类别要在1～2个访谈资料上进行试用，检验其是否可用。

通过试用，马上会发现在我们制定的“类别”中有很多重复的内容，基本不可能把访谈资料中的语句很清晰地归到某一类别下。所以首先要做的是对“类别系统”进行更大程度的概括和简化，要选择开放式的类别，避免内容上的重复。

被调查者所具备的基础条件

这个类别包括所有有关被访者个人的说法(例如“我一直都喜欢数学”)、年龄、成绩、性别、数学成绩。

成见、神秘感、期待

这个类别下包括学生的所有先决条件。数学方面的知识、对自己的定位、对统计学课程的预期等。

神秘的统计学：对学习统计学有恐惧，对学习统计学持保留态度：“学习统计学究竟有何用处?”

期待：这个类别包括对统计学的恐惧和成见。

态度：被访者从学期初到学期末，对学习统计学的想法是否发生变化?

学习动机和对学习成绩的野心。

对三种课堂形式的感觉(对学生要求过高、要求过低、还可以，“一切都没问题”)。

参加课堂形式和其在学期中的变化

被调查者是如何参加三种课堂形式的?这一类别下也包括了参加课堂形式在学期当中的变化，如果有必要可以加入讲座、练习课、辅导小组等不同形式。

过程和在学期当中的变化：参加三种课堂形式的次数以及对参加这三种课堂形式的分配。也包括在学期当中的变化以及参加的过程。

图2-6　总结不同类别系统的第一版建议

学习方式

所有和学习方式相关的内容(自学、参加小组学习等)。

自己的学习方式：自己做的课堂笔记以及阅读讲义、准备期末考试。

学习动机/野心：学生参加三种课堂形式的动机，对自我学习能力的评价以及对期末考试的准备和对期末考试成绩的期望。

投入和考前准备

是否以及如何使用博尔慈的教科书和讲义。

学习资料：被调查者都运用了哪些学习资料？

考前准备：所有与考前准备相关的内容。自己发起的一些学习。可以被归入这个编码的内容是，学生是否以及在何种程度上自发地在课堂之外或是在参加课堂的同时做出的一些努力。

对讲座、练习课、辅导小组以及教师的评价

对这三种课堂形式的评价：涉及讲座、练习、辅导小组三种形式。

对教师的评价。

改进建议

所有关于三种课堂形式的改进意见，对于期末考试、学生项目小组的建议(正面或负面的说法)。

图 2-6　总结不同类别系统的第一版建议(续)

为了测试上图中描述的类别是否适用，我们挑选了两段在长度和内容上完全不同的访谈资料。在小组中，我们把访谈资料中的语句逐个归到适当的类别下，如果在内容上有重复，也要把它归到某几个类别下。类别之间会有重复的内容，例如当学生评价了统计学讲座并同时提出了一个对其的改进意见时，就需要把这段话归到两个类别下。

测试之后，我们做了少量的修改，形成了最终的简短的、精练的、尽可能可以反映自身含义的类别标题(见图 2-7)。

个人的基础条件和先前学习经验

学习动机

学习的过程
——参加三种课堂形式的过程
——在三种课堂形式之外的学习
——对期末考试成绩的期待

对课堂的形式和内容的评价

改进建议

图 2-7　最终的类别系统

除此之外，我们还明确了如何将访谈资料中的语句归到相应类别下的编码规则。这些规则对于分析绝大多数的访谈资料都有效：

(1)被编码的内容是有实质意义的单位，或至少是一个句子，最好是一段话，有时也可以是几段话或(引出这段话的)访谈者提出的问题。

在把访谈内容归到某一类别时，要确定有多少语句以及相关的信息被归类。一项重要的标准是，(被编码的)语句在没有上下文的情况下也能让人理解它的意思。

(2)同样的事实类信息只能被编码一次。

当某段信息描述的是某一事实，而不是关于人的想法、动机时，如果已经被编码过一次就不能被再次编码了。例如，当一名学生在回答第三个问题时，第一次提到“他不参加学习小组”这个事实被编码了，当这个事实再次出现时，就不能被再次编码。

编码访谈资料

在接下来的工作中，要对访谈资料进行编码，并可以在小组中选择不同的工作方式进行编码：

(1)所有工作人员要独自对数据进行编码，之后再一起比较。

选择这种工作方式需要有时间上的等待，所以是最费时间的一种，特别是对比较大型的工作小组来说。

(2)整个工作小组被分为两组。每组负责编码一半的访谈资料并且之后要在各自小组中相互比较。

通过把整体的访谈资料分配给两个小组进行编码，可以使参加讨论的人数减半，从而缩短工作时间。同时，这种工作方式会让编码质量提升，因为编码的结果要由多个工作人员讨论达成。

(3)将访谈资料分给两人工作小组。每人首先单独编码，然后对编码结果进行讨论。

这种工作方式非常有效率，因为对于编码结果的讨论只在两人之间进行。

(4)将访谈资料分给两人工作小组，由两人共同对数据进行编码。

从时间的投入看，这种工作方式与第三种做法基本相同。由于每个工作人员不是单独进行编码，这样的工作方式对编码的质量可能产生不良影响。两人有可能会出现对编码达成一致的趋势。个人如以“收支平衡”的眼光采取决定，两人可能倾向于尽快完成任务，从而对编码过程起到不良的影响。

(5)访谈资料被随机分配给工作人员，每人单独进行编码。

这是最快的工作方式也是在编码的质量方面最差的，因为没有互相之间的比较。

要注意的是，还有其他工作方式可以选择，选择哪一种工作方式主要取决于工作小组的人数。由于我们的工作小组由四个人组成，再加上学生助理，是一个七人小组。我们选择了第三种工作方式，因为它既能节省工作时间又能保证编码的高质量。

在我们整体的项目工作组中，每一位项目成员负责编码 2～3 段他本人没有参与的访谈。在两人工作小组中，工作人员利用电脑软件 MAXQDA 的各种功能进行编码：运用颜色功能以及支持小组工作的功能。这个工作方式虽然很简单，但非常有效率。

• 首先，我们先建立一个 MAXQDA 的文件，由一位工作人员进行总体管理，并由他输入我们讨论得出的类别系统。我们把制定好的“编码树”(codebaum)拷贝粘贴给两人工作小组中的每一位工作成员，并用不同颜色来区分这二人的编码树。我们把用于最终编码的编码树定义为绿色，第一位编码人员是蓝色，第二位是红色(见图 2-8)。

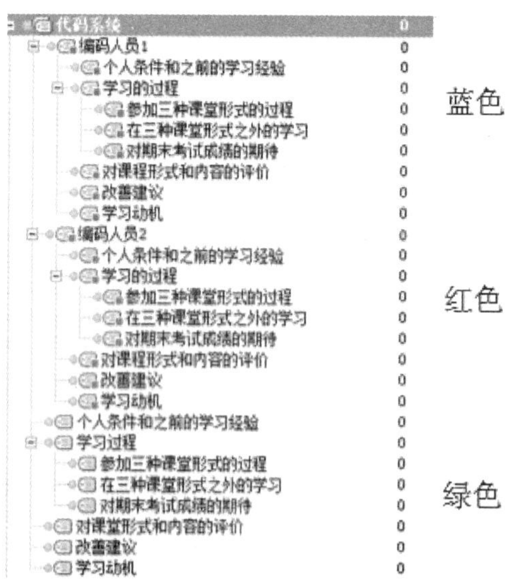

图 2-8　由两人工作小组使用的类别系统

• 对每一段访谈，我们都分配好谁是一号编码员、谁是二号，这样每个人就知道他要编码哪一段访谈以及他的编码树的颜色。

• 每人都得到一份整体数据的拷贝并且对被分配到的访谈片段进行编码。

• 两人工作小组要安排时间进行讨论，并调整各自的编码。利用 MAXQDA 的“小组工作”功能，两人小组可以把他们的编码结果添加到一个共同的数据中。

• 通过不同的颜色可以在 MAXQDA 的文本视图中马上看出，(两人)哪里的编码是完全一致的，哪里的编码还有待统一。最快速地对编码进行调整的做法是，小组成员把最终的编码先放在蓝色或红色的编码树下，然后再转移到绿色的编码树下，或者把最终的编码直接放在绿色编码树下。

• 只有最终版的“绿色编码树”被集合在一个主文件中，在这个主文件中能看到每个类别下的片段数量(见图 2-9)。

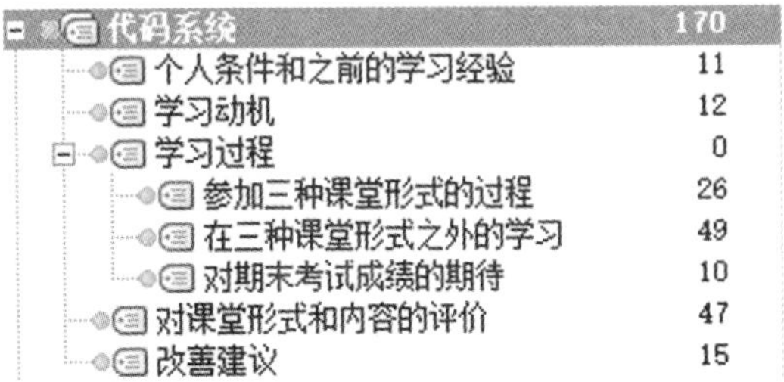

代码系统	170
个人条件和之前的学习经验	11
学习动机	12
学习过程	0
参加三种课堂形式的过程	26
在三种课堂形式之外的学习	49
对期末考试成绩的期待	10
对课堂形式和内容的评价	47
改善建议	15

图 2-9 由 MAXQDA 软件呈现的代码树，包含被编码的文本数量

步骤 6：以类别为基础进行分析，撰写评估报告

由于编码树的结构与评估报告的结构相符，所以接下来的分

析可以直接参考类别的标题，我们把这些类别标题暂时当作评估报告的章节名称。为了提高工作效率，我们把要撰写的各段报告分配给各位小组成员，然后再通过讨论达成对报告的修改、对各片段的统一以及各段之间的衔接的共识。

究竟如何通过分析每个类别下的片段来获得最终的报告？我们在这里要介绍几种不同的方式以及重点关注的内容，虽然我们的介绍不能保证全面，但力求对实践操作有所帮助。

展示类别、描述值得注意的要点

撰写报告应该从阅读属于某一类别下的片段开始，这样能获得对数据的第一印象，并能得到内容梗概。MAXQDA 可以把同一类别下的所有片段，即所谓的代码，在“代码列表”窗口下进行展示和罗列。如果有需要，还可以把这些代码转化成 RTF 文件进行保存。

撰写报告时，描述出所有的重要内容，并且对部分内容进行解释和诠释(见图 2-10)。

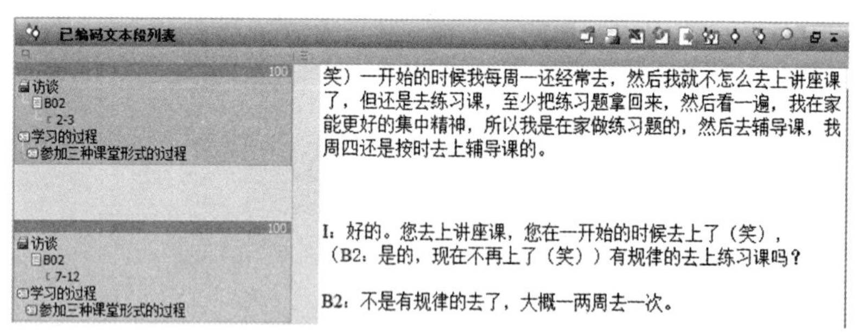

图 2-10　在“已编码文本段列表”窗口下的被编码的片段一览

建立子类别

有时，为了把某段内容完整地展示出来，在一个类别下包含很多片段。在这种情况下，可以建立“子类别”，并把指定的片段

归到相应的“子类别”下。MAXQDA 可以把一个类别下的代码归到另一类别下。

对于我们的项目，我们在“评价课程形式和内容”这一类别下，建立了“批评”和“喜欢统计学”两个子类别。这样很快就能看出，哪个类别包括了多数人的评价，哪个类别只是个别人的评价（见图 2-11）。

代码	
对课堂形式和内容的评价	47
批评	1
讲义中有错误	1
速度太快	1
噪音	2
无聊/空洞	4
喜欢统计学	1
辅导小组很好	7
练习课很好	4
讲座很好	6

图 2-11　代码“对课堂形式和内容的评价”及其子代码

引用访谈资料中的语句

作为质性评估报告中不可缺少的组成部分，引用可以让报告更易懂，通过引用访谈者的“原话”，可以让“访谈者自己发声”，使报告内容丰富。不过，为了不沉迷于引用，不让引用只停留在复制的层面上，建议事先对引用语句的数量进行规定。我们决定引用和文章的数量分别占报告内容的 1/3 和 2/3。在报告中可以单独呈现引用的语句，但把引用的语句加入报告的文章中也是同样有意义的，只是引用的语句绝对不能过长和过多。引用要在文章中通过标注显示出来，通过引号注明引用是来自哪一个访谈以及哪一个片段，也可以将引用部分的内容用斜体显示出来。

制作图形

当事物间的关联、构思过程以及分析结果需要通过可视化进行说明的时候，可以通过制作图形和表格。比如我们运用 MAX-

Maps(MAXQDA 的可视化工具)建立了一个图形，这个图形展示了我们选择属于 B3 的某些类别和相对应的子类别(见图 2-12)：

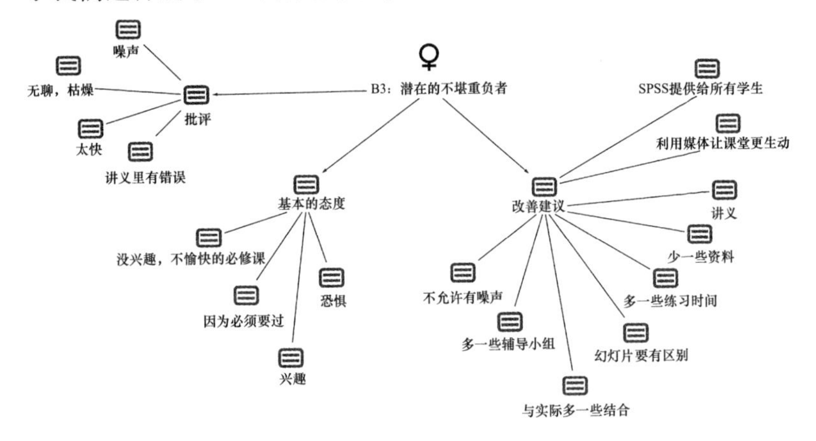

图 2-12　将事物间的关联、构思过程及分析结果通过图形可视化

制作“一览表”

运用图表对某些类别进行展示是很有帮助的，在图表中可以在同一行显示某一个个案的所有内容，通过图表展示多个个案，就可以对个案之间进行比较。对于“参加课堂形式的过程”这一类别，就可以用图表的展示实现对“讲座、练习课、辅导课的上课情况”进行比较。如果要在图表中添加其他内容，也可以很快速地添加一列，比如我们在分析的时候，添加了“对期末考试的期待分数”这一类别(见步骤 7 的表 2-4)。

分析“编码矩阵浏览器”的信息

观察编码次数在各个个案中的分配是对分析有特别功效的。在 MAXQDA 中通过“编码矩阵浏览器”可以实现对编码分配的可视化，这样能很快得出重要的结果。如图 2-13 所示，二号被访者(实用的自学者)确实对“讲座之外的学习”这一话题做了较多的描述；对应这一话题的圆圈大小代表的是编码的分配度，二号被访者的圆圈与其他被访者相比是最大的。

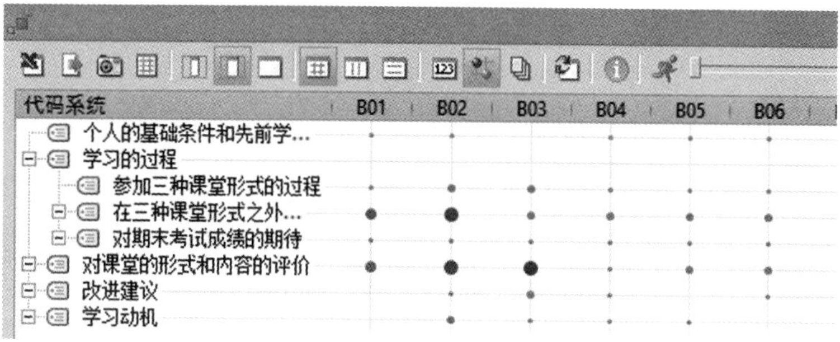

图 2-13 将代码频率通过编码矩阵浏览器可视化

量化的调查问卷结果

对于某些个案而言，把访谈内容和被访谈者笔头完成的量化调查问卷的结果相结合，是很有趣的。把两种结果结合起来看，特别能够发现类别差异和相关关系，例如在我们的评估项目中："年轻和年老的学生对统计学课程的态度有区别吗?"或者"对统计学课程有恐惧的学生的高考数学成绩是多少?"对于回答这两个问题就可以结合量化问卷的结果进行分析。

关注评估目标

评估目标绝不能脱离我们的视线，否则，我们的评估会非常没有效率。如果我们的注意力只放在个人的学习过程上，那我们的评估就属于有关学习方式的研究。

匿名、注意固定的形式

对被访谈者进行匿名处理是毫无争议的，例如在对访谈资料进行录入时就要注意匿名处理了。但是在如何处理这种固定形式上，往往存在困难，下面以两个例子说明。

第一个例子：我们经常会面临一个问题是如何称呼被访谈者："大学生""男性大学生""被调查者"或是"被访谈者"。对于每一个名称我们都要搞清楚所指的是男性还是女性。因为例如下面引用的这段话，如果不明确 B2 的性别，人们就会对这段话有不同的诠释。这段话是一位女性学生讲的：

“B2：我们本来约好了一次，但都是女生，所以只做了一些女孩子们会做的事情，而和统计学无关。(笑)(访谈者：笑)”(B2，12)

第二个例子：我们用“没有学习动力”形容个案中的这个“人”(“人”在德语中是一个中性词)。他(她)有优异的高考数学成绩，并且感觉学习统计学过于简单，对他(她)缺乏挑战。这个“人”也是一位女性，但我们大多数的小组成员一直都认为这是一位男学生。

还有另外两点是在撰写报告时值得注意的：

第一点是如何对某一说法的次数进行描述。我们认为用数字来区分多数和少数是可行且有意义的。一个改进课堂的建议是由一个人还是几乎所有的调查者提出，是有差别的①。在我们的研究中，我们运用了以下的描述：

- “几乎所有的被访谈者……”
- “一半的被访谈者……”
- “一个人……”

第二点是如何进行诠释。人们是否允许进行诠释以及应该

① 霍普夫(Hopf)在德国的质性研究领域的先驱性文章《质性社会研究》中就已经指出，经常有人误认为在质性研究中找不到量化的结果。其实通过质性研究方法获得的素材也完全可以对其从不同角度进行量化分析。重要的是，量化分析的结果要在对质性素材充分讨论的基础上呈现(霍普夫，1979，第 13－14 页)。菲利普・枚灵(Philipp Mayring)提出的质性研究的“支柱”之一也是“量化研究”(枚灵，2002，第 24 页及之后)。克里夫・希勒(Clive Seale)倡导：“计算可以计算的!”(希勒，1999，第 121 页)。量化的结果可以对丰富内容、说明结果、给某个理论提供证据或是使某个理论更具推广性有贡献。量化研究的结果还对质性研究中普遍存在的一个问题，即对采访素材的研究流于闲谈逸事，有重要的用途。

进行多少诠释？人们应该如何进行描述？人们应该如何直接从数据中得出结论？这些问题是所有评估面临的共同问题。我们的理解是，一定要，也有必要进行诠释，因为评估和分析不能只流于描述访谈资料这个层面。诠释的范畴从抽象的描述到对具体细节的阐述。在我们的分析评估中，大部分情况下是把一个类别下的片段进行总结、描述并在一个更广大的概念下对其进行诠释。这个更大的概念来自我们对大学课程和课堂所拥有的多年经验，来自对大学课程目标的了解。比如来自对大学学习和考试有关规定的了解，或者对学生们通常有哪些愿望的了解，比如入学新生有哪些愿望可以通过对入学新生的调查得出。

在撰写评估报告的过程中，为了把大家的想法和改进意见都融入其中，我们对于大多数的个案都要通过共同的讨论进行修改。例如，我们给每一章节都选择了一个有说服力的题目。

最大的改动是对“动机”这一类别相对应的章节。因为通过分析得出，“动机”作为某一类别的题目不够清晰，而且“动机”的定义会造成疑惑。所以我们就把这一章节改名为“基本态度”，所有的访谈资料都重新进行了编码并且对评估报告进行了调整和加工。

以类别为基础进行的分析及其结果是我们评估报告中很重要的一部分。由于在“七步骤”中描述的主要是评估的方法和过程，对于评估结果我们将用独立的一章进行呈现(第 4 章)。

步骤 7：写总结，审查结果，完成最终报告

撰写结果总结以及由评估引出的后果

在关注项目最初确定的评估目标的前提下，对评估报告的结

果进行总结和概括。

在评估报告中，我们把前两个和改进课程有关的评估目标当作了标题。第三个评估目标是对方法的讨论，这也是我们为何要单独写第3章“对质性评估的过程进行反思”的原因。

评估目标一：回答一些具体的问题

在研究初始，我们列出了八个问题，现在我们要基于分析结果来回答这八个问题。

(1)学生学习这门课程的基础条件是怎样的?

对于统计学的成见几乎是不存在的。只有很少数人对数学和统计学有不好的认识或态度。只有两位被访谈者的高考数学成绩是“及格”。对于一些被访谈者，统计学课程引起了他们的顾虑，但没有发现与高考数学成绩之间有关联；随着学期的进行这些顾虑也渐渐消失了。

(2)学生参加讲座、练习课和辅导小组的情况如何?

对于参加这三种课堂形式的回答，有一半的被访谈者是相同的：他们参加讲座、练习课，然后在几个星期后，也开始参加辅导小组。另外一半的被访谈者对三种课堂形式有不同的结合。例如有一名学生只参加练习课，目的是拿到练习课上的习题。

(3)学生为学习这门课程付出了怎样的努力?例如是否阅读教科书和(或)讲义?

10名被访者中的7名的态度是“最主要是能通过”，6名是“有趣”。这样的结果反应在下面的事实中：学生虽然对课程以及统计学感兴趣，但并没有做出要付出更大努力的准备。8名被访者承认读过讲义，但只有4人读了博尔慈教科书。这样，我们也了解到学生不用阅读指定的博尔慈教科书也可以通过统计学课程的考试。

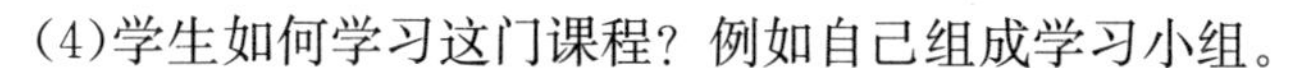

(4)学生如何学习这门课程？例如自己组成学习小组。

在学期初，学生们对参加三种课堂形式所付出的努力都很有限，但当考试期临近时，学生们就不仅参加规定的课程，而且拓宽了学习方式，他们会把讲义从头至尾学习一遍、参加模拟考试、更多地参与学习小组的学习。

(5)学生所采用的学习方式与他们学习这门课程的基础条件有怎样的关联？

在下面的表 2-4 中，我们可以看到参加课程情况、学习方式和基本态度之间的关系。“典型学生”的特点是：会参加讲座、练习课并且在学期中也参加辅导小组，不使用其他学习资料，持“最主要是能通过”的基本态度。

除此之外，我们还能从高考数学成绩上看出一些联系：成绩越好的人，越有可能不属于“典型学生”，属于“典型学生”的更多的是成绩相对较差的学生。

(6)学生对于通过考试是否有信心？是否想取得优秀的成绩？

所有的被访谈者都对期末考试有信心，至少没有一个被访谈者认为不能通过期末考试。期待取得优异的考试成绩是比较少见的，因为对于很多被访谈者来说，通过考试是最重要的。一半被访谈者希望能得到“优”或“良好”。

(7)学生如何评价讲座、练习课以及辅导小组？

总体来看，对“社会科学类统计学入门”这门课程的评价为“良好”，但对于每一种课堂形式都有不同的评价。对讲座的批评是最多的，同时对讲座积极的评价也更多。对于练习课的批评是较少的，批评主要是针对课堂组织、教室、上课人数的情况。辅导小组是最少被批评的，只有对教室过小和上课人数过多有批评，因为很多人要挤在一个小教室里。

表 2-4　整体概况：以个案为单位和以类别为基础进行分析以及结合了简短调查问卷的结果

	参加课堂形式的过程			阅读学习资料	学习小组	对期末考试的期待分数	基本态度	数学成绩
	讲座：依据访谈结果	练习课：依据访谈结果	辅导小组：依据访谈结果					
	讲座：依据调查问卷结果	练习课：依据调查问卷结果	辅导小组：依据调查问卷结果					
B1	有规律地参加	有规律地参加	从学期中段开始有规律地参加	只看讲义，没有用其他资料	没有，只有好朋友希望一起准备期末考试	最重要的是能通过考试	有兴趣，最重要的是能通过考试	4+
	非常经常	非常经常	至少两周一次					
B2	学期初段参加得非常频繁，然后减少一些，最后再也不去，在家自己复习	初段经常，然后很少，至少去拿练习题或者让别人帮忙拿	有规律地参加	把博尔慈教科书从头至尾看了和学习了	比较少，只有一次是为了准备期末考试	不会是 1，还是 3 比较可能	有兴趣，有野心	3+
	很少	至少两周一次	非常经常					
B3	有规律地参加，在圣诞节前有短暂的缺勤	有规律地参加	在学期末时有规律地参加	没有说，估计没有用其他学习资料	有，为了准备期末考试	最重要的是能通过，如果能有更好的成绩最好	有恐惧感，最重要的是能通过	2
	非常经常	非常经常	很少					
B4	至少两周一次	一直去	开始的时候一直去，后来就不去了，因为练习课更重要	在学习小组中把博尔慈教科书一起学习了一遍	有，在整个学期都有	最重要的是能通过，如果 3 分就更好	有兴趣，最重要的是能通过	3
	至少两周一次	一直	很少					

续表

	参加课堂形式的过程			阅读学习资料	学习小组	对期末考试的期待分数	基本态度	数学成绩
	讲座：依据访谈结果	练习课：依据访谈结果	辅导小组：依据访谈结果					
	讲座：依据调查问卷结果	练习课：依据调查问卷结果	辅导小组：依据调查问卷结果					
B5	有规律地参加	有规律地参加	在几周之后，开始有规律地参加	没有用其他学习资料	有，有规律地一起学习	3	最重要的是能通过	2或5 *
	一直	一直	非产经常					
B6	有规律地参加	有规律地参加	从没参加过	看过博尔慈，并且在有不懂的问题时拿来参考，在备考时还用了Diekmann的书	有，主要是为了备考	3	有兴趣，有野心	3
	非常经常	非常经常	从没参加过					
B7	开始阶段一直都去，然后减少次数，因为辅导小组帮助更大，还因为要上其他课程	基本上是有规律地参加	从学期中段开始有规律地参加	会偶尔看博尔慈教科书，主要用于备考	有，和男友一起	2	想给其他人清楚地讲解所学的知识，有野心	1—
	至少每两周一次	至少每两周一次	至少每两周一次					

续表

	参加课堂形式的过程			阅读学习资料	学习小组	对期末考试的期待分数	基本态度	数学成绩
	讲座：依据访谈结果	练习课：依据访谈结果	辅导小组：依据访谈结果					
	讲座：依据调查问卷结果	练习课：依据调查问卷结果	辅导小组：依据调查问卷结果					
B8	有规律地参加	有规律地参加	有规律地参加，特别是学期末时参加的次数更多	没有看其他学习资料	有，用于备考	希望2～3分，但是最重要的是能通过	有兴趣，最重要的是能通过	4+
	非常经常	一直	至少每两周一次					
B9	有规律地参加	有规律地参加	从学期中段开始有规律地参加	没有说，估计没有用其他学习资料	有，用于备考	2～3	有兴趣，最重要的是能通过	3−
	一直	一直	非常经常					
B10	开始阶段有规律地参加，然后偶尔参加，更喜欢在家学习	至少去拿练习题	从学期中段开始偶尔参加	没有看其他学习资料	有，用于备考	2～3	没有兴趣，最重要的是能通过	2
	至少每两周一次	非常经常	很少					

* 不是很清楚被访谈者是给了点数还是一个分数。

为了能够更明确各个个案的特点，以下列出了被访者的简短称号：

B1：拥有积极的态度，但没有野心
B2：实用的自学者
B3：潜在的不堪重负者
B4：现实主义者（非数学达人）
B5：轻松的消除恐惧者
B6：完全没问题者
B7：初级辅导员
B8：积极地使用所有学习资源的人
B9：积极的实践者
B10：感到无聊的人

(8)学生对改进这门课程有哪些意见和建议?

很少有被访者提出改进的意见和建议，意见和建议都是由某一个人提出的，并与他的个人偏好以及学习习惯有关，比如对讲课速度的建议，或是讲授的内容要更加与实际相结合。被多次提到的意见有：因为课堂上的噪声过大，而老师提问的声音太小，所以常出现重复提问的现象；幻灯片和讲座的内容要有差别，这样学生的注意力才会提高。

最后的整体评估结果由以个案为单位、以类别为基础进行的分析以及关注量化调查问卷的结果组成，并全部展现在之前的那张表格上。每一行代表一个被访者，每一列代表一个评估项。如果逐行读，就会看到一个个个案，比如第二行是“实用的自学者”；逐列读，就能很快得出某一评估项的整体结果，比如评估项：“学习资料的运用”(除了讲义之外)，博尔慈作为教科书只被少数学生阅读和使用。

评估目标二：质性评估的结果为将来的课程带来的启发

工作小组对调查的数据和结果进行了讨论和衡量。对于“改善课程”的讨论和衡量是在工作小组成员自身具备的专业知识和教学方法的背景下，并要考虑用于改善课程的经费条件。我们认为有一些结果是非常重要的，另外一些想法则不然，并且由于经费限制而无法实现。从结果中，我们得出了对“统计学讲座”的改进方向和可能性。在我们对于评估结果的共同讨论中，我们同意要把讲座与教育领域的实际工作进行更多的结合，并且要让内容更加有趣。以下为改进的建议：

对于讲座，首先要提高参加者对讲座的兴趣和注意力。这要通过改变讲座的课堂条件以及丰富教学内容来达到。课堂要保持安静，教师佩带麦克风进行提问或者由教师重复提出问题。此外，为了提高学生的注意力，讲座的内容不要和讲义的内容完全一致。讲课的内容要结合一个实际案例，这个案例要贯穿整个讲座。在讲座的最后 15 分钟，要展示讲授的统计学知识如何运用于实际案例中。我们计划使用“壳牌—青少年—调查研究”的资料，把这些资料直接运用到 SPSS 软件中，然后运用不同的统计方法来得出结果。

通过评估数据，我们发现学生持有不同的学习态度。我们的想法是，为了能更加有针对性，要对持不同态度的学生提供不同的支持和帮助。

对统计学有恐惧感的学生，要更明确地向他们推荐辅导小组，因为他们是非常希望能够参加辅导小组的。另外，针对这些学生，要在讲座中明确提出，恐惧是没有必要的，并说明如何克服恐惧感(例如给出如何准备考试的提示)。

对持“最主要能通过”态度的学生，我们要增强他们的学习动力，让他们明白统计学在实践中的重要性，这一点能通过加强讲座与实际的结合以及引入实际案例来达到。

对那些学习能力强以及特别有兴趣的学生，要提供额外的学习资料和学习动力。每次的讲座为了促进更加深入的学习，在讲义中会提示和注明哪些专业书籍(给出页码)对于更深入的学习是适用的。另外，我们有一个想法，可以让学习统计学特别有动力以及学习能力强的学生为学习有困难的学生提供帮助和辅导，来缩小他们之间的差距(组成学习小组)。

依据评估结果，虽然“小组的工作形式”没有被学生明确定义为“困难”，但我们通过讨论以及从学生对课程的反馈中决定，要对如何对学生分组进行改进。我们的建议是，在第一节课上，采取姓氏排列的方式分组(按照字母排序)。另外，要尽量注意避免和其他讲座以及辅导小组有时间上的冲突。

从评估结果得出，对与讲座配套的教学材料也要做出一些改变。为了能够通过期末考试，学生只需参加讲座和看讲义。博尔慈教材作为社会科学类统计学最主要的一本教科书，只有很少的学生使用，今后这本书要有更重要的地位。为此，今后讲义的每一章都要给出在博尔慈教材中(给出页码)包含的有关期末考试的信息。只有在博尔慈里能找到的练习题也要被包含在学习资料里。讲义中要给出额外的空白页，当讲义和讲座上讲的内容不同时，学生可以做笔记。

鉴于我们的经费状况，建议为所有的学生提供电脑辅导课来改进他们的 SPSS 操作，被视为不可行并被拒绝了。但是每堂讲座上 15 分钟的实践部分，则要运用 SPSS 来操作和展示。

反馈评估结果和完成评估报告

评估项目的最后一步是要将评估的结果反馈给评估的项目方。对于我们的项目，我们要把评估结果反馈给“某教授”。在反馈的讨论会上，不仅要呈现评估结果，还要对结果进行讨论。这样我们可以和“某教授”一起，对讲座的改进建议、改变措施和对今后统计学课程的一些想法进行讨论。通过这样的反馈和讨论，我们可以把评估结果和项目方的想法、经验相结合，这样才能制定出有实际意义的操作方案。在撰写评估报告时，要把由双方讨论得出的操作方案和其他的额外信息在评估报告的章节中呈现。

最后完成评估报告。我们要把手稿最终统一到一个格式下。每位工作人员撰写的各部分评估报告都要被收集起来并且集中在一个文件中。这些结果要经过出版社编辑的专业加工：统一格式，检查拼写和标点符号。完成最后的报告，还包括要呈现所有用于收集数据的工具，例如在附件中提供访谈提纲和调查问卷。

除此之外，还要对统计资料和数据进行适当的存档(例如为了记录过程或进行二级分析)。每一个评估对存档的要求是不一样的。我们决定要把访谈录音的录入、原版的访谈录音资料以及

编码文件和相关的 Word 文档用 CD 或 DVD 进行存档。这里一定要注意的是，访谈的录音资料会泄露访谈录音笔头的匿名信息，并且有可能追溯到被访者的姓名。不同的评估项目对保护匿名有不同的要求，从而要进行不同的处理。

3. 对质性评估的过程进行反思

这一章不属于课程评估的范畴，这一章关注的是方法的运用和评估过程，并且要和通常的大学课程的量化评估进行比较，然后进行反思。我们项目的出发点是考察在一个有限的时间范围内，是否可以完成一个用于补充的质性评估，以及整体的评估除了量化评估的结果外，还可以获得什么样的结果。我们以对统计学课程的标准量化评估作为参照，首先在这一章中呈现量化评估的结果，然后分析质性评估的增益情况。

3.1 标准量化评估结果

马尔堡大学的课程评估使用标准的量化问卷，这个问卷针对学生，共两页，问卷中多是一些已给出的陈述，问卷填写人要对这些陈述给出同意或反对(通常分为 4 级或 5 级)的回答。此外，有些题目要以“考试等级”来评价①。问卷中有三项主要的评估内容：对讲座本身、对教师以及对自己的学习动力和参加讲座的情况。

---

① 德国的评分系统为从 1 分到 5 分，1 分＝非常好，2 分＝好，3 分＝良，4 分＝及格，5 分＝不及格。

讲座

表 3-1 是对讲座所提出的几个问题，这些问题与质性访谈大纲的内容一致。

大部分被调查者(96%)认为，课程实施遵循了一个清楚的大纲。这也与问卷中“课程提供了这一领域清楚的概况”这一问题的答案相符。对于这一问题，分别有 46%人认为“基本同意”和“完全同意”。虽然如此，一些被访者认为要学的东西太多了：近一半的被调查者认为，学习材料“有一点多”和“非常多”；只有少部分的人认为学习资料过少；45%的人认为学习资料刚刚好。

表 3-1　对讲座的评价

题　目	不同意(1)/%	不是很同意(2)/%	基本同意(3)/%	同意(4)/%	平均值
讲座遵循了一个清楚的大纲	0.7	2.9	23.0	73.4	3.69
讲座提供了这一领域的清楚的概况	1.5	5.9	46.3	46.3	3.38
辅助材料(例如教科书、练习题)的数量充足，并且质量很好	3.8	11.3	35.3	49.6	3.31
在讲座中有好的学习气氛	13.1	35.0	36.5	15.3	2.54
讲座中所讲的内容估计对今后的实际工作很有用处	15.5	38.8	34.9	10.9	2.41
讲座中有知识讲授和讨论相结合的形式	45.9	43.6	7.5	3.0	1.68

评价“课程进行的速度”也有相似的结果。48.2%的被调查者认为课程进行得有一点儿快或太快，43.8%的人认为刚好。尽管将近一半的被调查者认为课程的速度过快以及学习材料过多，只

有 38%的人认为学习难度有一点大或过大，超过一半的被调查者(54%)认为难度刚好(表 3-2)。

表 3-2　对学习难度、进行速度以及学习资料的评价

题　目	太少或太低(1)/%	有点少或有点低(2)/%	刚好(3)/%	有点多或有点高(4)/%	太多或太高(5)/%	平均值
学习难度	0.7	7.3	54.0	35.8	2.2	3.31
讲座进行的速度	1.5	6.6	43.8	40.9	7.3	3.46
讲座提供的学习资料	0.7	4.4	45.3	46.0	3.6	3.47

对“课堂上结合了知识讲授和讨论的形式”的评价是负面的。89%的被调查者认为，讲座上没有做到这样的结合。由于这是对“讲座”这种课堂形式进行的评估，得出这样的评价结果也并不惊奇。

在对学习材料的质量是否满意方面，85%的被调查者认为讲座提供了充足和优质的学习材料。

表 3-3 是对学习成果的评价。

表 3-3　评价学习成果

题　目	太少(1)/%	有点少(2)/%	学到一些(3)/%	学到较多(4)/%	学到非常多(5)/%	平均值
我通过讲座学到了一些知识	3.6	9.4	48.9	28.8	9.4	3.31

对学习难度、讲座速度以及学习资料数量的评价基本得出了

一致的结果：大部分的人对于每一项的评估都从“刚好”到“有点多或有点高”以及“太多或太高”。讲座整体评分的平均值在2.96（表3-4）。

表3-4　为讲座按照1～6的评分系统打分

题　目	非常好(1)/%	好(2)/%	满意(3)/%	及格(4)/%	不及格(5)/%	非常差(6)/%	平均值
您为讲座打多少分(1～6)?	1.4	34.1	40.6	15.9	7.2	0.7	2.96

任课教师

只有非常少的被调查者认为教师不友好或对学生不够尊重，83.9%的人对教师的行为做出了完全正面的评价。另外，44.4%的人认为教师的讲座不是很有趣，15.8%的人认为教师的讲座完全无趣，32.3%的人认为教师的讲座比较有趣(表3-5)。

表3-5　对教师的评价

题　目	不同意(1)/%	不是很同意(2)/%	基本同意(3)/%	同意(4)/%	平均值
+教师对学生很友好很尊重		2.2	13.9	83.9	3.82
+教师对于学生提出的问题给出了充分的回应	2.2	12.3	45.7	39.9	3.23
+教师把讲座进行得有趣	15.8	44.4	32.3	7.5	2.32
+教师让我对这个领域的学习更有兴趣	22.4	41.0	28.4	8.2	2.22

续表

题　目	不同意(1)/%	不是很同意(2)/%	基本同意(3)/%	同意(4)/%	平均值
—教师对于学生的学习成果显得无所谓	37.4	40.3	15.8	6.5	1.91
—教师对讲授知识给出的信息太少了	18.0	37.4	26.6	18.0	2.45
—教师对所学知识可以运用的领域以及实际用处讲解得太少了	12.2	39.6	31.7	16.5	2.53

接下来，被调查者被要求就“教师对学生的学习成果显得无所谓”表态。77.7%的学生认为不是这样的。对于“教师对学生提出的问题给出了充分的回应”这个说法的结果也是正面的。45.7%的人认为，教师给予了充分的回应，39.9%的人完全同意这个说法。“教师让我对这个领域的学习更有兴趣”这一选项得到了负面结果。总共有63.4%的人认为不是这样的(22.4%不同意，41%不是很同意)。被调查者还要给出反馈，教师是否讲解了所学知识可以运用的领域以及它的实际用处，51.8%的人认为教师已清楚地讲解了。同样有正面的评估结果的还有“教师是否对题目进行了详细的讲解以及给出了额外的相关信息”。对于教师的整体评价分数的平均值为2.5(表3-6)。

表3-6　为教师按照1～6分的分数等级打分

题　目	非常好(1)/%	好(2)/%	满意(3)/%	及格(4)/%	不及格(5)/%	非常差(6)/%	平均值
您为教师打多少分(1～6)?	9.5	47.4	29.2	10.9	2.9		2.5

兴趣和参与

超过半数的被调查者(53.2%)认为，对于课程的兴趣只是“中等”。“只有很少的兴趣”占10.1%，“兴趣较少”占23%(表3-7)。大多数人是有规律地参加课程：15%的人从来没有缺过课，四分之一(25%)多的人只缺了一次课，超过20%的人缺课两次(图3-1)。

结合缺课的结果，被调查者还被询问了其缺课的原因。大约四分之一的人缺课不是由于外部事由，大约30%的人缺一次课是由于外部事由，28%的人缺两次课是由于外部事由。因为对课程没有兴趣而导致缺课并不是偶然现象：24%的人缺一次课是由于没有兴趣，14%的人因为没有兴趣而缺了两次课。

表3-7　对课程兴趣的评价

题　目	太少 (1)/%	有点少 (2)/%	中等 (3)/%	较大 (4)/%	很大 (5)/%	平均值
我对课程的兴趣	10.1	23.0	53.2	12.2	1.4	2.72

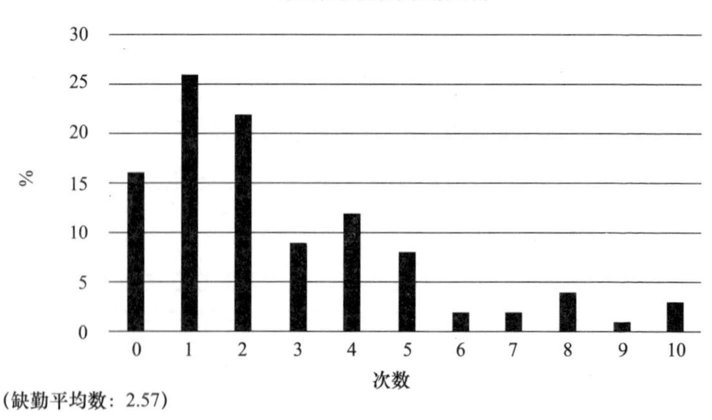

图3-1　缺勤情况

标准量化评估能带来什么？

首先，需要说明的是，在量化评估中，对所有参加评估或者填写了调查问卷的人的想法都进行了收集和统计，不是只对某一部分人（样本）的想法进行收集和统计。每一个问题的结果都得到了频率分配，直接显示了被调查者在哪些方面的想法是一致的（如大家都认为课程遵循了清楚的大纲），在哪些方面的想法是有很大差异的（如老师在解释某一问题时是否给出了足够的信息）。

除频率以外，标准的调查问卷也能得出其他统计指标，例如标准差和平均值；也可以进行相关分析，例如在兴趣和参加课程的次数之间有没有相关性，并计算出相关性的显著性。

量化问卷也完全适用于诊断课程的优点和缺点。当有超过60%的人认为自己对课程的兴趣没有被适当地激发时，每一位老师都需要考虑怎样才能激发和提高学生兴趣以及为什么学生会有这个想法。当然，量化问卷的数据无法对这些问题给出答案，至少马尔堡大学的量化标准问卷的数据无法给出答案。

对因果关系的分析也是不确定的。只有13.6%的被调查者认为他们对课程的兴趣很大或较大。因此，虽然“对课程的兴趣”与“老师激发了学生对这门课程的兴趣”之间的相关性呈现很高的显著性（$r=0.4$），但是不能确定这两个方面到底有怎样的因果关系。

第一种可能的解读：由于学生本来对统计学的兴趣就很小，他们对这门课的学习投入也就很少，以至于让教师很难甚至没办法激发他们的学习兴趣。第二种解读：在学期末对课程兴趣最少的学生，是感觉其兴趣最少被激发的学生。此外，至少还有第三种解读：这两个方面都与第三个方面有关联，也就是学生“对于教育专业的兴趣”。学生选择学习教育学专业，是因为他们喜欢与人打交道的工作，而不是因为他们喜欢读理论方面的书，更不是因为他们喜欢读统计学方面的书，这个基本的态度会影响其他两个方面。

以下几个方面的相关性也是很有趣的：对于这门课程感兴趣的学生认为研究方法的知识和能力对今后的工作很重要($r=0.55$)；认为从课程中学到了很多的学生也认为这些知识对于今后的工作很重要($r=0.48$)；学生的兴趣越大，会越觉得他们学到了很多($r=0.48$)。对统计学有较大兴趣的学生，会认为课程的学习材料的数量是刚好的，对统计学没有兴趣的学生则会认为学习材料的数量过大。通过这些结果会得出有因果关系的结论：如果认为课程所传授的知识对今后的工作没有用处，就会对于这门课程的兴趣较少，并认为这门课程的学习资料数量过多，而且在课程结束后认为自己没有学到什么。但是也可以解读成，那些认为学习材料过多并且认为学到的知识较少的学生，会认为这些知识对于今后的工作不是很重要。

量化数据无法给出一个评判标准来评判哪个对因果关系的解读更正确。统计式的分析给出的更多的是自动对问题的解读：每个问题都被独立地进行分析，计算平均值，并对适合比较的平均值进行比较。在一般的大学课程评估范畴下，通过把教师讲授的课程所得到的平均值与本系教师讲授的其他课程的平均值进行比较，以及与整所大学课程的平均值进行比较，来为教师提供反馈。学生的学习动机、专业等背景信息以及学生的个性都无法在量化评估中被注意到，学生的自我定位和一些矛盾的想法可能和他们的行为并不一致，例如他们对某一课程很感兴趣，但却经常缺课。

通过开放式访谈和量化调查问卷，我们对“参加课程”这一项目得到了不同结果。以量化的调查逻辑考虑，会认为这是测量错误导致的、不需要进行说明的。测量错误指的是对某一特性进行了错误的测量。

3.2 质性评估的增益效应

我们把通过质性评估获得的增益效应总结为以下八个方面：

(1)以个案为单位的分析。

与量化评估采用以变量为单位的分析方式不同，质性评估采用以个案为单位的分析方式。在评估过程中，在我们面前呈现的是一个个有生命的人。我们调查他们参加课程的情况，甚至是他们在整个学期中参加课程的变化，并且永远几乎是自发地关注这些情况以及产生这些变化的背景。被访谈者的情绪也会被注意到。与以一项项的问题为单位的研究方式以及寻找这些问题之间的相关性不同的是，质性评估寻找的是人与人之间的相似性。

(2)全面性和复杂性。

固定采用四级或五级选项的评价系统忽略了答案之间有更大差异的可能性。数据的复杂性是完全有可能存在“既怎么样，也怎么样”的情况。通过质性方法，研究者可以更好地分析访谈过程。例如，被访谈者在访谈过程中是否表现得很真实，自己很投入访谈，或者对访谈没有兴趣并只给一些非常简短的回答。在量化调查中，是无法看出被调查者是很认真地回答了调查问卷上的问题，还是随意地选择各种选项。

(3)上下文和背景信息。

通过访谈能获悉与被访谈者想法和观念有关的背景信息，而被访谈者的想法能更清楚地体现在上下文中。

(4)避免错误的解读和误解。

与标准量化评估相比，质性评估使人们能获得更多的用于解释的背景信息。在量化评估中，通常无法获得被访谈者回答问题的动机和原因，以至导致一些错误的解读。

(5)以过程为导向。

我们项目中的质性评估以实践和行动为导向。质性评估的结果能够为如何改进课程提供建议。量化评估则大多以描述和评价为导向。

(6)互动和沟通。

与一般的课程评估通过填写调查问卷的方式不同，质性访谈能实现更大程度上的互动和沟通。访谈者和被访谈者会进行直接的沟通。评估的过程是一个面对面沟通的过程。被访谈者感觉他们是被尊重的，他们的想法和说法(不只是在调查问卷中打钩)对于评估是非常重要的：被访谈者(说话)的原腔原调甚至都被使用了！在这样的情况下，被访谈者在访谈中不回答的比率会非常小。

(7)一致性和真实性。

被访谈者的想法和说法对评估来说是非常重要的。在考虑访谈问题时，应该对被访谈者提出开放式的问题，被访谈者无须给出标准化的答案，而是允许与研究人员持不同看法。质性访谈迫使被访谈者所说的内容要前后一致。被访谈者不能在回答问题时一会儿这样回答，一会儿又那样回答。被访谈者必须遵循理性沟通的逻辑，并能对自己的说法给出理由和根据。被访谈者还认识到，访谈者可能会追问某些问题。当被问到有没有改进建议时，被访谈者不能任意凭空说。

(8)避免潜在的标准化。

标准化的调查问卷中的问题和答案都提供了一个潜在的“标准”。例如一位“理想教师”的样子：对学生友好，尊重学生，非常重视学生的学习成果，会反复说明学习材料的实际用处以及不断激发学生的学习兴趣。一个开放式的访谈则避免了“潜在的标准化”(图 3-2)。

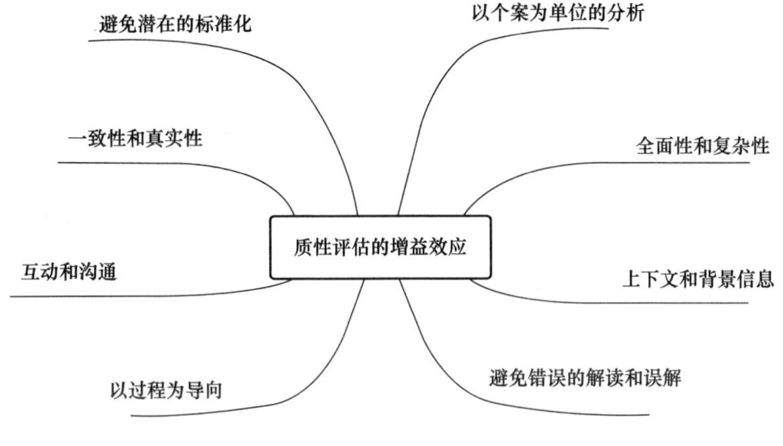

图 3-2　质性评估的增益效应

让我们再逐一仔细地审视上面的每一点，质性评估“以个案为单位”的视角是质性评估与量化评估最主要的区别。质性数据分析会让被访谈者的个性特点生动地浮现在眼前，例如“初级辅导员”“隐藏的不堪重负者”或者“感觉无聊的学生”。当阅读评估报告时，这些个性特点活灵活现地呈现在眼前。相反，在阅读以表格呈现的量化评估结果时，例如前面的表 3-1 到表 3-7 都只有灰色枯燥的数字，如果有必要的话也可以使用彩色的图表，但仍然无法让人获得生动的印象。相反，在分析质性访谈资料时，生动形象的人物就会跃然于纸上，这些人物是人们可以理解的，研究者可以感觉到被访谈者的所想，被访谈者的谈话内容甚至会让研究者会心一笑，改进建议由谁提出以及提出这个建议的背景都能很清楚地获知。学生的学习方式、他们参加各种不同课堂形式的情况，甚至课堂上的动机和活力都会很清楚地呈现出来。通过评估能够得知，为什么这位学生会去辅导小组，甚至一些秘密还会被揭示出来。例如，教师长期以来都不理解的一个事实，就是练习课上的练习卷子永远都不够用，虽然已经复印了更多份以供

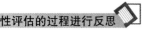

学生使用。一位被访谈者“透露”了这个秘密，她永远都拿两份卷子。很明显，其他学生也都会这么做，一份用来练习，另一份空白的卷子则被保留起来。

人的行为的相关背景信息也被清晰地呈现，甚至包括一些很私密的信息。例如，某位学生认真学习的主要动机其实是想能给她的男朋友(非数学一等生)非常详细地解答问题。只有自己把所有的学习资料都认真地看过并且弄明白了，才能给别人讲解。

质性评估能描述出非常复杂的情况，例如描述出个人对某一事物的基本态度。而个人的基本态度则影响了个人的、可以观察的行为方式。

另一个优点是，质性评估能够给出针对某一群体的改进建议。例如，针对“对学习统计学有恐惧的学生”、针对“不堪重负的学生”或针对“统计学对他们不够挑战性的学生”。

被访谈者提供的意见和改进建议的价值是不应被低估的。在质性评估中，被访谈者会有被重视的感觉并经常会给出一些很重要的建议。在访谈中提出的建议引起了今后要如何改进课程的注意，例如在讲座中给学生惊奇感、可以用幻灯片展示讲义中没有的内容，或者对讲义进行一些改变或补充。

在某些情况下，质性评估也会调整量化评估的结果。结果显示，某一具体的批评和改进建议的范围是有限的，因为其中只有两个改进建议是被多次提出的。量化调查的结果显示，教师的讲课速度有些过快，通过质性数据才让这个问题清晰化。学生单独进行的预习和复习远远没有达到建议的预习和复习 1∶1 的比例，这个结果对课程安排产生两种相反的调整建议：量化评估的结果建议，今后应该放慢讲课速度；质性评估的结果则建议，更多的是要对学生做出更加明确的说明，在家的预习和复习是必要的，并且可能要以留“家庭作业”的形式来进行复习。

在绝大多数的情况下，质性评估和量化研究产生的结果并不是互相矛盾对立的，质性评估的结果通常会提供重要的补充和说明。质性评估能获得另外一种形式的信息，强调以个案为导向，更加关注背景信息。课堂讲课速度这样自相矛盾的结果是不常见的，但也是完全可以想象的。有时，质性评估也提供另一种评价的角度。量化评估一般会建议，对学生缺席课堂采取(对这一课程)负面的评价。潜在的标准是：“经常缺勤的课比那些学生每次都按时出席的课要差。”质性评估则会调整这个预设标准，因为质性评估的结果显示，除了大部分的学生会“随大溜”地参加每个课程之外，也有学生会制定非常个人化的课程安排。所以在这样的一个结果面前，一味提高出席讲座的人数是一个相对没有意义的目标。

很多学生承认，他们在课堂上学到了一些知识。同时，大多数的学生并没有把学习统计学的期望值设定得很高，而是认为“最重要的是能通过考试”。这种基本态度无法由调查问卷中对某个题目的选择而显示出来，也不一定能从开放式访谈的某一句或半句话中得出，而是需要整体把握和审视访谈资料。而且有必要的话，对于某些部分可能还要进行逐行的阅读。这是质性评估方法的优势所在，即能或多或少从数据本身得出一个整体的完整性的看法，但无论如何，需要从详细地分析个案开始。

当根据数据对很多问题做出解释时，研究者对结果的诠释的范围是受限制的，而这恰恰是质性评估的增益效应之一。与之前的估计不同，质性的社会类科学的研究方式是解读和诠释，当把量化和质性的分析进行比较时，解读和解释量化数据结果的范围要比解读和解释质性数据结果的范围大很多。在质性数据中有背景信息，它会让某些猜测和解读无法站住脚。而且以个案为单位的分析也预防了错误的笼统概括性的说法。当人们在分析量化数据时，几乎自动地会把由整体人群所得出的平均值解读为(这些人的)特征，而“整体中的部分”或者“由整体得出的平均值”却很少出现在质性分析的结果中，因为质性分析是以个案为单位的。通过质性评估，得出越来越清晰的个人特点和个案之间存在的差异，但也会有另一个问题出现，即无法把这些结果推广到更大的群体或类型中。

获取背景信息以及潜在的、可能性的解释也是相对的，所以在质性评估中也可能存在空白的、自由的解读空间。这样的空间首先存在于当没有向被访谈者提出足够具体的问题和缺乏他的背景信息时，人们会对“一位数学成绩很好，却觉得课上的内容很无聊的学生”得出有很大猜测和估计成分的说法(这些说法其实不能直接在访谈中找到出处，而是人们认为合理的猜测)。例如：“估计通过其他的教学方式也无法激发这个人对课程的兴趣。因为他良好的数学知识(因为他高中阶段的数学成绩很好)很可能让他不必要更多地参加这门必修课的学习。”

由于在访谈资料中只能找到很少关于这个问题的说法，所以建议进行这种完全合理的推测。一般来说，为了能够进行合理的推测和说明，必须从具体的个案入手，在某些情况下还要进行再一次的访谈。心理分析研究显示，得出结果可能和两段访谈相隔的时间有关系。

人们通常认为，质性评估方法的局限性会突显在研究时间的不足上。尽管如此，我们的研究项目在方法上做出的尝试清楚地显示：在一个较短的时间范围内(只有 100 小时可以使用)可以完成一项质性评估，并且成果是非常显著的。不仅得出了一个不同于量性评估的、以个案为单位的视角，而且评估以过程为导向，有改进评估对象的潜力，也符合质性评估的特点。

我们的评估项目还证实了通过有规律的小组讨论，能够解决在方法上和内容解读方面的问题。我们认为这样的小组合作对成功地开展一项质性评估是非常重要并且是很有成效的。现代的数据处理软件(在这个项目中使用的是 MAXQDA)实现了所有小组成员能随时读到所有的数据、编码、变量、个案总结摘要以及备忘录，来实现顺畅的小组合作。

需要对付出和回报比率的问题进行辩护的是，虽然很难把改进大学的教学质量量化为金钱，即改进了统计学课程教学的价值等于多少小时的报酬或是等同于多少欧元。到目前为止，在实践中进行的课程评估，通常是对教学没有起到作用的。即便是能更好地把评估结果反馈给教师，也只能取得很少的教学改进效果(林德曼(Rindermann)，2001，第 230 页)。比较有效果的通过评估来改进教学质量的做法还是和教师面对面地进行咨询和谈话。通过这样的谈话，能把评估的结果更好地解释给教师，并且教师的问题意识才会被激发。此外，选择某些可以改进的内容，并且展示具体的改进意见和做法。另外，这样的谈话还给人情绪上的支持和动力(林德曼、科勒(Kohler)，2003，第 74—75 页)。由林德曼和其他人共同完成的研究所得到的结果并不是信口开河，在 20 世纪 70 年代末其实已由罗腾姆(Rotem，1978)以及罗腾姆、格拉斯曼(Glasman，1979)提出：要把评估结果进行详细的说明和汇报。他们认为，评估结果本身无法对教学的改进产生影响的问题是数据收集的方法有问题，“标准化的评定量表不能对改进教学提供有用的反馈”(罗腾姆，1978，第 317 页)。.

由此可见，对于教师来说，仅仅知道学生是否满意是不够的。更多的是需要非常准确的结果：在哪些方面需要改进以及改进的具体步骤。要得到这些结果，采用开放式问题和质性访谈是值得推荐的，“这些方法能提供比反馈更有效的信息，因为它们为教师提供了更多带有诊断意义的信息”(罗腾姆、格拉斯曼，1979，第 507 页)。

3.3 其他应用领域

除了本书中所描述的案例之外，我们认为，书中所表述的评估方法还可用于其他领域。下面列出了部分可以应用的领域：

• 幼儿园：家长对幼儿园的教育是否满意；

• 对青年人的辅导：针对咨询以及救助机构的评估；

• 人员、机构的发展：员工调查问卷、评估对人员发展采取的措施、跟踪机构改革的过程；

• 小组工作和委员会形式的工作：评估小组形式的工作；

• 干预性措施：对干预性措施的评估，例如预防暴力；

• 帮助措施：调查参与者的意见和建议；

• 城市建设：评估沟通机制、了解公民的参与；

• 市场研究：调查购买动机、产品评估。

除了上述提到的领域外，质性评估带来的增益效应还能体现在很多其他的领域，例如发展合作、环境、社会服务领域，经济以及有关经济的政治、教育、体育和卫生行业。无论如何，在进行质性评估时要考虑到具体实施对象的条件和情况。这些条件和情况在很大程度上决定一项质性评估的开展是否有意义。

由于评估与它所处的背景是紧紧联系在一起的，所以不能给出完全没有背景、没有上下文的评估案例。关键的问题是，判断采取质性的评估方案是否合适的一个依据是，以个案为单位的分析方式是否对达成这项评估目标有利。我们认为以上列举的应用领域都符合这一点。如果对这一点的答案是“可以”，那么把质性评估结合到一项评估项目中就能达到有意义的扩充。以下展示了评估对象适合运用质性评估方案的情况：

• 评估对象为非重复性的(例如一次性的评估项目)，因为没有时间来不断改进评估工具以及尽可能让它适应评估对象。

• 在评估的开始阶段，难以对评估的结果进行预计以及无法很清楚地看出评估的方向。

• 评估对象是一个还在不断发展中的事物，它会在多次的评估中改变。静态、标准化的量化评估是无法评估这种变化过程的。

• 评估对象是一个未知的领域，并且评估的重点是要更多地了解这个领域。

评估所需的时间是可以预计的，只要严格认真地遵循每一个步骤(请见第5章的时间分配表)，遵守预先制定的规则并且不要选择过大的调查样本。质性评估赢得的价值主要体现在能获悉有关事物的过程和细节信息以及能改进评估对象在实际中的情况。

与质性评估方案可以灵活用于不同的评估对象一样，评估所需的时间也要因情况而定。我们的评估项目选择了要在100小时内完成，并不是因为已经有案例证明所有的质性评估都只需要100小时，这只是一个试验性的尝试，旨在检验是否可以在如此有限的时间内完成一项质性评估并且可以对一般的量化评估带来增益效应。如果我们有更多可支配的时间，我们肯定会更好地实施评估，因为我们马上就对应该在哪些方面做出改进有了结论。如果我们还有50个小时，我们会采取哪些改进措施呢?

• 第一，希望能够访谈10位以上的学生。这样可以拓宽访谈的结果以及总结出更多的被访谈者的基本态度。

• 第二，在挑选被访谈者方面，我们会更多地向“理论抽样”(Theoretical Sampling)方法上靠拢，即依据上一步的分析结果，来决定下一步要调查或访谈的人群。

• 第三，除了访谈之外，还可以对讲座、练习课、辅导小组进行旁听和观察，这样能更直接地收集学生在参加不同课堂形式

时的信息。

• 第四，我们会用交流沟通的方式来增强评估的有效度，例如让有不同评估重点的小组或多个小组来介绍他们各自的评估结果。

当然其他一些补充也是可以考虑的，主要还是要考虑评估对象的具体情况以及可以支配的资源(例如时间、资金)。质性评估所具备的高度灵活性和开放性使其可以运用在各种领域和不同情况下。

4. 质性评估实践的细节

第 4 章是为所有对在实践中如何利用质性数据进行评估感兴趣的读者安排的。通过第 4 章，读者能明白整个的分析过程，即从录入访谈资料、编码，一直到撰写评估结果报告。在 4.1 这一节里，将展示一段录入的访谈内容，其中的每一段都用数字标出来。在 4.2 这一节中将把编码可视化。即通过在访谈片段旁边把编码可视化，让读者可以看出被编码片段的篇幅长短以及哪段文字属于哪个编码。在 4.3 这一节里，将会展示我们评估项目的核心部分，即以类别为基础进行分析的方法。在这一节中您可以了解有关我们的评估对象(统计学课程)的具体和细节的评估结果，也许您还会发现其他有趣的关于课程评估的课题。

4.1 数据：一段访谈资料的录入

1 I：好的，我开始提问了。请您描述，对您来说典型的一周统计课程的安排。

2 B3：典型的一周统计课程的安排？(I：是的。)那就是我周一去上讲座，然后周二去上练习课。还有，今年至少是，我周四会去辅导小组。但是去年我还是看了一下，啊，原来不是一定要去，或者，嗯……还有，现在我也不一定会后悔去上过那些课

（笑），我把练习题直接又看了一遍。就是说，我把……我只是把练习题在辅导小组或练习课上看了一遍，然后我现在把这些再看一遍。

3 I：去领会那些题目的意思。（B3：是的。）也就是说，您周一去讲座课，周二去练习课，周四去辅导小组。（B3：是的。）也就是说一个星期中有三天是给统计课程的，大约是这样吧？

4 B3：是的。至少今年是这样，去年只有两天。

5 I：是的。我们关心的只有今年。去年的情况您不用太过费力地回忆。（B3：哦，明白了。）您参加学习小组吗？或者您有没有和朋友或是其他认识人的人一起进行统计学的学习？

6 B3：有，有。只是因为现在要期末考试了所以才一起学习。（I：哦，是这样的。）是的，原来也没有（笑）。

7 I：您会有规律地参加吗？

8 B3：不会，但是目前，我们已经在一起学了三次或四次了。

9 I：嗯。约好时间然后一起学习？（B3：是的，是的。）您的学习效果和学习情况如何？讲座对您来说是好是坏？练习课好或不好？就是能否谈一谈您的学习情况。在哪个课堂形式下您学到的东西最多？您在哪里能学得最有成效？您有没有要迁就哪一种课堂形式，也就是说您觉得和朋友一起学习比辅导小组更有效，或是比练习课，或是期末考试怎么样……

10 B3：嗯，我觉得辅导小组，我在辅导小组里学到的最多。因为我能够了解更多内容上的关联。我参加 Mareike 的辅导小组，我不清楚，我觉得她能把内容之间的关联很清楚地用图表展示出来，这能帮助我来明白所学的东西。我觉得比较困难的是，我一直有这样的感觉，就是，讲座的形式，当……人在较短的时间段里虽然听了讲座，但并不能理解它的内容，就是这样。我还觉得，在讲座上，用来消化所讲内容的时间给的太少了。这让我觉得很困难，所以我在讲座上不一定能明白所讲的内容，或者如果可以也只能明白一点点。我都是在课后才逐渐明白的：啊，原来是这样的！对所有的不理解都恍然大悟(笑)。

11 I：练习课(对您)也有帮助吗？

12 B3：您是说在星期四的练习课？（I：是的。)没有，练习课不一定能帮助我理解所学的东西。在练习课上我能实际应用一些东西，但还是无法明白。

13 I：好的。所以说辅导小组是帮助……

14 B3：是的。在辅导小组课上能够明白和领会所学东西的意思，是这样的。

15 I：是这样。然后你们的学习小组应该就是再处理一些你们还不明白的问题，对吗？（B3：是的，是的。)好，这个我也还是了解的。(笑)好。您觉得在学习方面的感觉如何？就是有这样的一道问题。这个问题提得有点怪：您个人对统计学这门课的感觉如何，好或不好？太多东西要学？太少东西要学？对于学习它有恐惧吗？

16 B3：我个人对统计学的想法随着准备期末考试确实产生了变化。因为我自己把所学的东西又从头梳理了一遍，然后又明白了一些知识间的联系，然后我觉得：嗯，这个其实还是很有趣的。比如可以计算某些东西，或者可以把事实的内部或与其他事实进行比较等等。而且我觉得，这不是……不重要的，能掌握这个，今后，嗯……能怎么样。

17 I：是的，当然。人会从不同渠道获得知识，而在以后的工作中会用到这些知识。(B3：是的。)不能(一直在工作中)都见机行事，对吧？

18 B3：是的，是的。所以我想，能够真正明白所学的东西还是很好的。

19 I：您害怕学习统计学吗？对期末考试，或者……

20 B3：我对期末考试有恐惧，是的。我害怕期末考试，因为我常常碰到一些定义和公式，但我还没有背会，然后我就不知道，然后就被定义和公式困住了。（I：嗯。）然后我就不知所措了。

21 I：是这样，这个可以理解。就是觉得要学的东西太多了？

22 B3：要学的东西太多了。如果我可以决定这门课程的安排，我会让它通过多个学期进行，来更深入地学习，也能更好地明白所学的东西以及把所学的知识更多地与实际应用相结合，这会比我们现在的尝试，就是我们现在必须做的那个项目更好。在项目中，人能明白部分，但也不是明白那么多。因为这个工作小组也比较大。

23 I：在学习的高级阶段会学更多的统计学的东西，这点您可以放心。（B3：哦。）学生必须考取一个“研究方法”的证书（B3：哦，是这样啊！）然后有……可以直接……比如有一些研究课题可以做。我们现在为学生们做了一个针对毕业生的调查问卷，比如这个研究从头至尾是有辅导的。（B3：哦，好的。）但是对于学习的初级阶段就只有这个入门课程。一直都是这样安排的。

24 B3：哦，是这样。对，这门课程的名称也是叫入门课程。是的。

25 I：您在学期中有没有变化？您在学期中参加课程的情况是一样的吗？您说学习小组只有在学期末的时候才开始进行，但是您在整个学期都有规律地上辅导小组、讲座、练习课？或者是在开始的阶段频繁一些，然后少一些？或者反过来？

26 B3：在开始阶段去的次数很多，然后在中间阶段有点中断了，然后现在期末考试阶段又开始比较规律地参加了。

27 I：您一直去上讲座或是练习课或者……

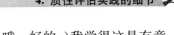

28 B3：不，我是两个都去。（I：哦，好的。）我觉得这是有意义的。

29 I：是的。在中间阶段有中断过。（B3：是的，有中断过，那时我在……）圣诞节可能是。

30 B3：是的，是的，圣诞节前夕。当时我想：唉，我就不去了，可以看看讲义作为弥补。

31 I：哦。您现在回过头来如何评价讲座？首先评价一下讲座吧！

32 B3：讲座，我觉得，我觉得××教授非常友好，但是我觉得跟上他的节奏还是比较困难的。因为他永远用一个声调说话，这让人感觉比较困倦。所以整堂课都要精神集中就比较困难。是的。我也想过，是否可以用其他媒体设备来让课堂更丰富多彩一些，让人能够更容易地听懂课上的内容。

33 I：多一些变化。

34 B3：是的，比如用一些简短的影片或是图片或者其他东西。

35 I：这是对于讲座的评价。那对于练习课呢？

36 B3：练习课。我觉得练习课本身不错。我觉得，也许可以把总共参加的人分成两组，如果可以的话，这样就可以把问题讲解得更深入，现在，在这样大的教室里，人比较多的情况下，就肯定比较困难。

37 I：是的，比较困难。那辅导小组呢？

38 B3：这个我觉得非常好。

39 I：非常有帮助？

40 B3：是的。

41 I：您有什么对于课程的改进建议吗？笼统的，建议或想法。

42 B3：就这些我刚刚说过的。

43 I：分成两组还有通过增加一些媒体设备来带来一些变化。

44 B3：是的，是的。内容上来说，我觉得，如果可以通过多个学期进行，我觉得能和实际结合得多一些，或者学得更深入一些。但是这学期的也只是一个入门课程。

45 I：是的，是的。也许会随着学制的变化有所变化，学士和硕士。到时候看吧！但是这个和您就没有关系了。

46 B3：没关系了。但是我还是很高兴能有这个变化。

47 I：是的。现在还有一个问题，您好像已经回答过了。您是如何准备期末考试的？

48 B3：我会去辅导小组，我会把讲义再从头至尾看一遍，然后做练习，把练习课上的练习题再做一遍，然后和小组中的其他人讨论。

49 I：讲义对您有帮助吗？

50 B3：是的，讲义对我帮助很大。有些知识点不是很明确，不是很清楚，然后在其他页才找到答案，那些页就不一定属于这些知识点了。比如昨天我在学习卡方检定时有问题，然后我在协方差[①]那一章找到了一页，里面是如何计算 Chi－Quadrat，讲的是第一步的计算。然后我才明白，原来是这样的。

51 I：但是就讲义本身而言，是有帮助的？

52 B3：是的，我觉得有。

53 I：好的。还有最后一个问题。您期待期末考试能得多少分？

---

① 卡方检验(chi－squared test)是统计学中的基本方法之一。这一方法是用来检验两个分类数据间的独立性。在社科类的统计学中，卡方检定主要用于对交叉表的分析。协方差(Covariance)则用于衡量两个区间变量的相关性。被最广泛应用的度量两个变量之间的相关程度的是皮尔逊(Pearson)积差相关系数。

54 B3：哦，天呐！（笑）这确实是个问题！（I：是的，这个……）我期待至少要通过！（笑）

55 I：那我理解就是至少是 4 分，如果能得到更好的分数就最好了，大约是这样吧？

56 B3：是的，是的。

57 I：好的，没问题了。谢谢您的帮助并祝您成功！

58 B3：好的，不用谢。

4.2 编码：一段被编码的访谈资料

1 访谈者：请您描述，对您来说典型 的一周统计课程的安排

2 被访者/B4：一个典型的一周统计课的安排，嗯，早上起床然后去大学，然后从14点开始上课。（I：嗯，讲座？）讲座，是的，之前基本都会提起半小时在教学楼里和其他人碰头，然后，经常会在课前就一起看一下今天要学什么。（I：嗯。）其实就是看一下，有多少张幻灯片，还有就是讲座要进行多久。基本上自己已经先会看一下。周二在练习课上，周二的练习课上会有很多人去，然后我会有规律地参加，每周都去，因为这对我来说非常重要，（I：嗯，）就光是练习题卷子就很重要，（I：是，）要去练习课上拿，（短暂的笑）然后可以和其他人一起讨论，练习课大多是一起上的，然后我们在讲座上做的就是把要学的东西都朗读出来。（I：是的，）在练习课上可以直接做练习。然后这个星期剩余的时间就会把讲义上的练习题做一遍，这个非常重要，在互联网上可以下载答案。

（编码：在三种课堂形式之外的学习）

3 I：嗯，好的。您都参加一些什么形式的课？您都学了一些什么？和谁一起学？比如讲座、练习课、辅导小组、学习小组。

4 B4：我们至少每两星期去一次讲座，我会每次都去练习课，因为这对我来说非常重要，我呆在开始的阶段去了辅导小组，然后我就决定不去了，因为对我个人来说，在练习课上和学习小组一起学习更舒服，不是和一位所谓的老师学习，（I：嗯）而是在一个小组里，你会这个，他可能会那个，然后大家一起学习。

（编码：在三种课堂形式之外的学习）

（编码：参加三种课堂形式的过程）

5 I：你和其他的学生，你们的学习小组，是你们自己互相找的还是你们之前就有了固定的小组？

6 B4：没有，我们是自己组成的，是通过学期初的介绍活动认识的。（I：哦，是这样，通过介绍活动。）是的，通过介绍活动。

7 I：好的。您对学习统计学的感觉如何？好的或是不好的感觉，或者对学习统计有没有恐惧，（B4笑）或者您觉得要学的东西太多了？

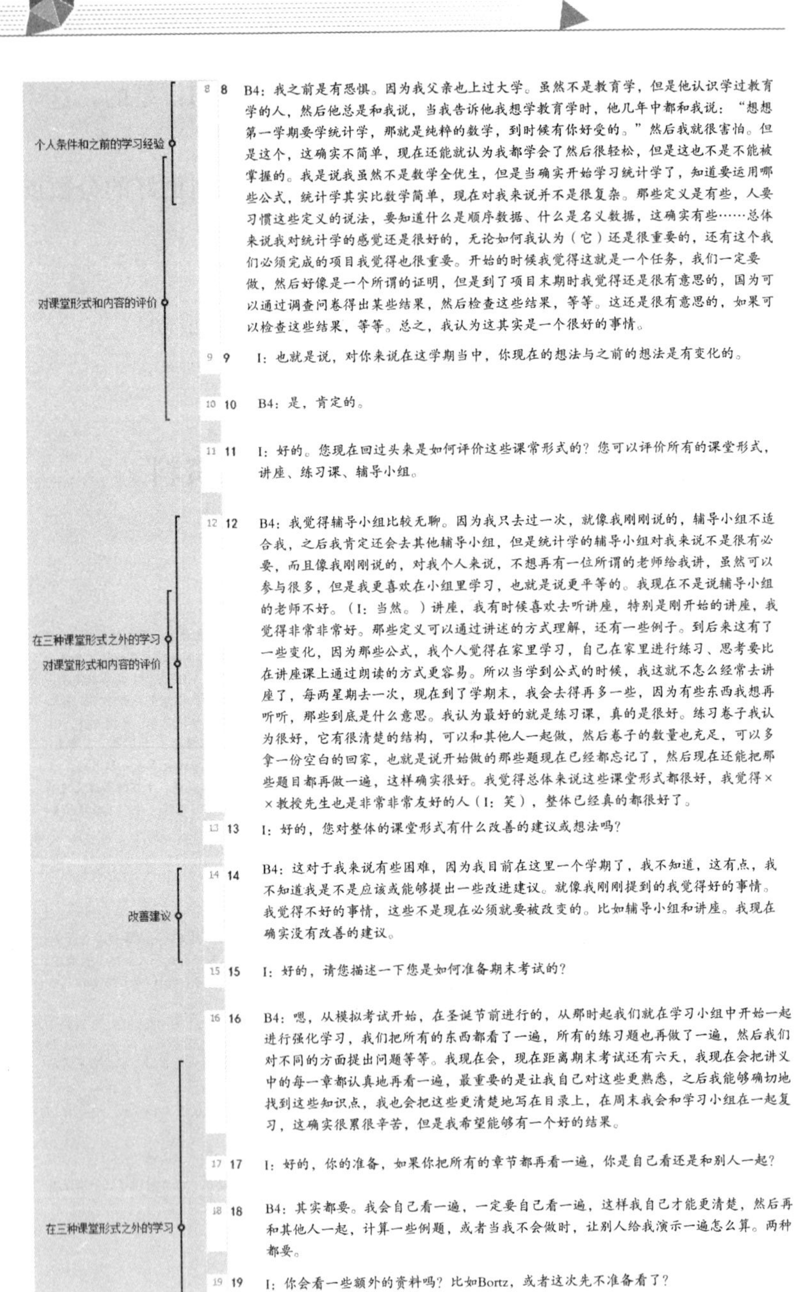

8 B4：我之前是有恐惧。因为我父亲也上过大学。虽然不是教育学，但是他认识学过教育学的人，然后他总是和我说，当我告诉他我想学教育学时，他几年中都和我说："想想第一学期要学统计学，那就是纯粹的数学，到时候有你好受的。"然后我就很害怕。但是这个，这确实不简单，现在还能就认为我都学会了然后很轻松，但是这也不是不能被掌握的。我是说我虽然不是数学全优生，但是当确实开始学习统计学了，知道要运用哪些公式，统计学其实比数学简单，现在对我来说并不是很复杂。那些定义是有些，人要习惯这些定义的说法，要知道什么是顺序数据、什么是名义数据，这确实有些……总体来说我对统计学的感觉还是很好的，无论如何我认为（它）还是很重要的，还有这个我们必须完成的项目我觉得也很重要。开始的时候我觉得这就是一个任务，我们一定要做，然后好像是一个所谓的证明，但是到了项目末期时我觉得还是很有意思的，因为可以通过调查问卷得出某些结果，然后检查这些结果，等等。这还是很有意思的，如果可以检查这些结果，等等。总之，我认为这其实是一个很好的事情。

9 I：也就是说，对你来说在这学期当中，你现在的想法与之前的想法是有变化的。

10 B4：是，肯定的。

11 I：好的。您现在回过头来是如何评价这些课常形式的？您可以评价所有的课堂形式，讲座、练习课、辅导小组。

12 B4：我觉得辅导小组比较无聊。因为我只去过一次，就像我刚刚说的，辅导小组不适合我，之后我肯定还会去其他辅导小组，但是统计学的辅导小组对我来说不是很有必要，而且像我刚刚说的，对我个人来说，不想再有一位所谓的老师给我讲，虽然可以参与很多，但是我更喜欢在小组里学习，也就是说更平等的。我现在不是说辅导小组的老师不好。（I：当然。）讲座，我有时候喜欢去听讲座，特别是刚开始的讲座，我觉得非常非常好。那些定义可以通过讲述的方式理解，还有一些例子。到后来这有了一些变化，因为那些公式，我个人觉得在家里学习，自己在家里进行练习、思考要比在讲座课上通过朗读的方式更容易。所以当学到公式的时候，我这就不怎么经常去讲座了，每两星期去一次，现在到了学期末，我会去得再多一些，因为有些东西我想再听听，那些到底是什么意思。我认为最好的就是练习课，真的是很好。练习卷子我认为很好，它有很清楚的结构，可以和其他人一起做，然后卷子的数量也充足，可以多拿一份空白的回家，也就是说开始做的那些题现在已经都忘记了，然后现在还能把那些题目都再做一遍，这样确实很好。我觉得总体来说这些课堂形式都很好，我觉得××教授先生也是非常非常友好的人（I：笑），整体已经真的都很好了。

13 I：好的，您对整体的课堂形式有什么改善的建议或想法吗？

14 B4：这对于我来说有些困难，因为我目前在这里一个学期了，我不知道，这有点，我不知道我是不是应该或能够提出一些改进建议。就像我刚刚提到的我觉得好的事情。我觉得不好的事情，这些不是现在必须就要被改变的。比如辅导小组和讲座。我现在确实没有改善的建议。

15 I：好的，请您描述一下您是如何准备期末考试的？

16 B4：嗯，从模拟考试开始，在圣诞节前进行的，从那时起我们就在学习小组中开始一起进行强化学习，我们把所有的东西都看了一遍，所有的练习题也再做了一遍，然后我们对不同的方面提出问题等等。我现在会，现在距离期末考试还有六天，我现在会把讲义中的每一章都认真地再看一遍，最重要的是让我自己对这些更熟悉，之后我能够确切地找到这些知识点，我也会把这些更清楚地写在目录上，在周末我会和学习小组在一起复习，这确实很累很辛苦，但是我希望能够有一个好的结果。

17 I：好的，你的准备，如果你把所有的章节都再看一遍，你是自己看还是和别人一起？

18 B4：其实都要。我会自己看一遍，一定要自己看一遍，这样我自己才能更清楚，然后再和其他人一起，计算一些例题，或者当我不会做时，让别人给我演示一遍怎么算。两种都要。

19 I：你会看一些额外的资料吗？比如Bortz，或者这次先不准备看了？

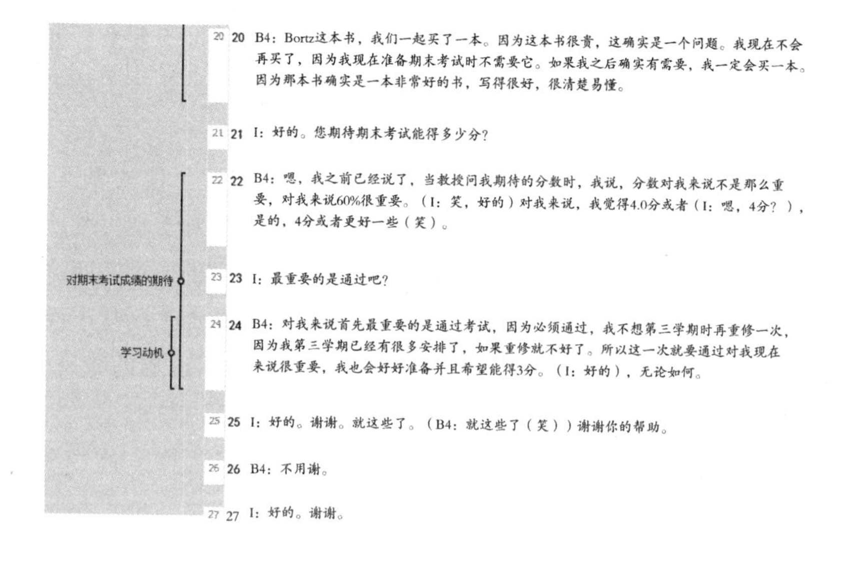

20 B4：Bortz这本书，我们一起买了一本。因为这本书很贵，这确实是一个问题。我现在不会再买了，因为我现在准备期末考试时不需要它。如果我之后确实有需要，我一定会买一本。因为那本书确实是一本非常好的书，写得很好，很清楚易懂。

21 I：好的。您期待期末考试能得多少分？

22 B4：嗯，我之前已经说了，当教授问我期待的分数时，我说，分数对我来说不是那么重要，对我来说60%很重要。（I：笑，好的）对我来说，我觉得4.0分或者（I：嗯，4分？），是的，4分或者更好一些（笑）。

23 I：最重要的是通过吧？

24 B4：对我来说首先最重要的是通过考试，因为必须通过，我不想第三学期时再重修一次，因为我第三学期已经有很多安排了，如果重修就不好了。所以这一次就要通过对我现在来说很重要，我也会好好准备并且希望能得3分。（I：好的），无论如何。

25 I：好的。谢谢。就这些了。（B4：就这些了（笑））谢谢你的帮助。

26 B4：不用谢。

27 I：好的。谢谢。

4.3 分析结果：以类别为基础进行分析是质性评估的核心

(1)学生过往的学习经验和基础条件。

从数学成绩来看，并不一定可以看出教育学系的学生对数学的反感。在 10 位被访谈者中有 6 位的高考数学成绩是“良好”或“优异”，只有 2 位是“及格”，并且被访谈者也很少提出在学习数学或学习统计学方面有过不好的经验。

从 4 位被访谈者的访谈中可以清楚地看出，他们对学习统计学有所担心。但与我们预计的不一样，并不能找出数学成绩较差和担心害怕学习统计学之间有关联：

“B9：在学期中是有变化的。在开始的时候我对学习统计学有很大的保留。要把统计学这门课快点过掉，最重要的是通过考试。而且学期开始时我想，因为实在有很多新的东西要学，我觉得这实在是太无耻了！”(B9，14)

"B5：开始阶段我有很多成见和担心，要学的东西太多、太难理解、太复杂，然后我就带着对统计学这样的反感开始了对它的学习(……)。"(B5，12)

在对某一位被访谈者的访谈中，他具体地描述了他的恐惧，虽然他的数学成绩是"中等"，看上去他的数学成绩对于学习统计学并不是不好的条件。他的恐惧来自对学习统计学的成见，而这个成见是由他的家长在学习统计学方面的经验转化而来。从下面这段话可以看出，他对于学习统计学有因为恐惧而造成的障碍，把它当成非本专业的、必须完成和让人讨厌的任务：

"B4：我之前是有过恐惧。因为我父亲也上过大学。虽然学的不是教育学，但是他认识学过教育学的人，然后他总是和我说，当我告诉他我想学教育学时，他和我说了几遍'想想第一学期要学统计学，那就是纯粹的数学，到时候有你好受的'。然后我就很害怕(……)。"(B4，8)

(2)参加三种课堂形式的过程。

一半的被访谈者对一周内参加统计学课程的安排是相似的，他们的安排在学期过程中是有改变的。这些学生周一去上讲座，周二参加练习课，过了一段时间后，特别是到了学期中段，当出现越来越多的计算题目并且期末考试临近时，辅导小组对他们来说也变得有吸引力了，然后学生们会有规律地参加辅导小组。参加辅导小组的人可以比如不用再去上讲座的复习课(B1，13～14)，或是可以得到讲座或练习课都提供不了的对某些问题的解答：

"B5：辅导小组是我过了几周后才参加的，去了之后我觉得还是很有帮助的，因为可以对我在讲座上搞不明白的内容提问，对问题的解释是用浅显易懂的语句，并且在辅导小组里有另一种，就是有另一种环境和氛围。"(B5，18)

“三级阶梯”是这一组人典型的(一周)安排：在讲座上获取新学的东西，在练习课上对新学的知识进行强化练习，这样就能更好更多地明白新学的内容。“然后能真正搞懂所学的一切是在辅导小组里(……)”(B9，8)，大多数的被访谈者都非常积极地评价了辅导小组。

辅导小组被看作是第三个安全网，因为“(……)如果我在讲座和练习课上有任何内容没搞懂，我在辅导小组里肯定可以把它弄明白”(B1，30)。这种想法也不让人惊奇，因为在这样的参加课程的安排下，被访谈者除了阅读讲义就没有使用其他学习材料或书籍了。被访谈者很有可能认为自己对成功通过期末考试的准备是充分的。

另外一半被访谈者，把参加课程的安排做了个人的结合并且经常会阅读额外的书籍。一位被访谈者是一个典型的自学型学生。她虽然在起初阶段还经常参加讲座和练习课，但是过了一段时间她就大幅减少了参加的次数，并且她去练习课的主要目的是拿练习卷子。她在家中自学，首先是做网上的练习题，然后还把基础教科书博尔慈进行了完整的阅读和学习。

另外两位被访谈者虽然比较经常参加讲座和练习课，但却不去辅导小组。他们阅读博尔慈，特别是在准备期末考试有问题出现时，拿它来查阅和参考：

“B6：我们几个好朋友组成了学习小组，我们主要通过学习小组来准备考试。(I：辅导小组呢?)我没有去过辅导小组。

I：哦，好的。您还阅读一些其他书籍吗?

B6：我还读博尔慈和另外一本书，书名是什么来着?他还给过我们另外一本书的名字，统计学入门还是什么名字，我还阅读那本书。”(B6，4—6)

剩下的两位被访谈者在起初阶段虽然还经常去参加讲座，后

来就很少去了。他们参加练习课，至少是为了去拿练习题，从学期中段开始也会偶尔去辅导小组。

可以得出的是，如果不去某一种课堂形式，首先不去的是讲座，比较少会不去的是练习课，因为练习课对于弄懂所学的知识更重要。这个结论也证实了 10 名学生同时还填写的简短调查问卷的结果。如表 4-1 所示，其中 7 名学生参加三种课堂形式在学期中有改变。

表 4-1　参加各种课堂形式的过程

被访谈者	讲座	练习课	辅导小组	参加有所改变?
B1	非常经常	非常经常	至少每两周一次	是的
B2	很少	至少每两周一次	非常经常	是的
B3	非常经常	非常经常	很少	是的
B4	至少每两周一次	一直去	很少	没有
B5	一直去	一直去	非常经常	没有
B6	非常经常	非常经常	从没去过	没有
B7	至少每两周一次	至少每两周一次	至少每两周一次	是的
B8	非常经常	一直去	至少每两周一次	是的
B9	一直去	一直去	非常经常	是的
B10	至少每两周一次	非常经常	很少	是的
B1	次数保持一致	次数保持一致	参加次数增多了	
B2	参加次数减少了	次数保持一致	参加次数增多了	
B3	参加次数减少了	次数保持一致	参加次数增多了	
B4				
B5				

续表

被访谈者	讲座	练习课	辅导小组	参加有所改变?
B6				
B7	参加次数减少了	参加次数减少了	参加次数增多了	
B8	次数保持一致	次数保持一致	参加次数增多了	
B9	次数保持一致	次数保持一致	参加次数增多了	
B10	参加次数减少了	次数保持一致	参加次数增多了	

形成各种不同的参加课堂的形式及形成不同的学习过程是由于个人做出的调节，每个人都在寻找一条可行的路，“省时省力”通常是在选择某条路时会考虑到的(是否可以少去上课或付出更少的努力)。在选择时，个人的野心也起到了一定的作用。如果感觉这个课程是一项“让人不愉快的一门必修课程”(B10，16)，那就会选择一条最理性的路，即尽可能地不要付出不必要的时间和工作。有两位被访谈者有非常典型的行为，他们去练习课只为了拿练习题，然后马上离开练习课，或者更简单：找人代他们拿练习题。除此之外，个人的学习方式当然也会影响学生参加哪些课堂形式，或者更准确地说是他们不会参加哪些课堂形式，因为“(……)我在家能更好地集中精力”(B2，2)。

(3)在课堂外的学习。

被访谈者们在课堂外的学习在学期中是有所改变的。

在学期初和学期中，学生只会做很少的预习和复习。比如对于所学的内容“(……)要具体看我学懂了哪些以及还不懂哪些”，进行复习(B6，2)；“(……)拿练习题(……)”然后在家学习(B2，2)；“(……)把那些内容再(……)”看一遍(B5，2)，并且“(……)只有××教授念过的答案才会被记录下来(……)”(B10，28)。

在这段时间里，学生们对于组成学习小组的兴趣和动机也是很有限的。比如一位学生在她的学习小组“(……)大家就碰过一次头，但是我们都是女生，然后就在一起做了一些和学习统计学毫无关系的事”(B2，12)。另一位被访谈者通常会提前半个小时到教学楼，然后和其他同学“(……)上课前就一起看一点儿(……)”(B4，2)。

其他10位中的8位被访谈者虽然承认会看讲义，但是只有3位学生把基础书籍博尔慈当作额外的书籍来阅读和学习，并且这3位中的一位还阅读了另外的一本“统计学入门”书籍(B6，6)。

在学期末的这段时间里，当期末考试临近时，被访谈者在课堂外的学习情况都有了明显的变化。

关于如何准备期末考试，被访谈者说，要把讲义从头至尾都看一遍，把上面的练习题都做一遍，并且要把练习课上发的练习题做一遍：

“B9：我把每一章都再看一遍，并且我把每一个练习题和练习题的答案都下载下来，然后把讲义上的练习题和练习课上的练习题都再做一遍。”(B9，60)

除此之外，有两位学生为了更清楚每一章的内容，在讲义上添加了目录。有一位被访谈者把模拟考试又做了一遍，有另一位学生把1999年和2000年的期末考试也做了一遍。

另外，10位被访谈者都承认，在准备期末考试期间，都通过学习小组进行了学习。学习小组的形式从一次的碰头“(……)在考试前的星期四(……)”(B2，12)，到好朋友之间偶尔的询问“(……)如果出现了任何不懂的问题(……)”(B1，36)，到两两之间(B9，62—64)或“四人之间的学习小组”(B10，76)，到有一位被访谈者担任了私人辅导老师的角色，她要给她的男朋友“把所有的东西都讲解一遍”(B7，20)。

在一个学期的过程中，学生们对书籍和资料的运用是有变化的，所有的被访者在准备考试期间都又把讲义从头至尾学习和练习了一遍，同时还做笔记，把上面的练习题也做了一遍，不会像在学期初和学期中时，只是看一下讲义。

只是学生对于额外书籍的运用在这段时间的改变是很少的：4 位学生承认，他们读博尔慈的书是为了有问题时进行查找和参考，只有一位被访者承认把整本都看过和做过。

(4)对期末考试分数的期待。

“您对于期末考试的分数有什么样的期待?”我们在访谈的最后，向参加访谈的学生们提出了这个问题，结果显示，他们对分数的期待还是比较谦虚的。10 位中的 4 位被访谈者认为通过是最重要的，他们的座右铭是“希望能得 4 分或更好的分数”(B4，22)。一半的被访谈者期待取得中等的成绩并且希望期末考试的成绩在 2～3 分。在 10 位被访谈者当中，只有一位期待取得“优秀”的成绩。

“B7：也许得个 2 分？分数自己会证明的。(笑)”(B7，22)

有趣的是，说这个话的是一位女生，她帮助另外一位同学学习统计课上的内容，她自己充当了类似私人辅导老师的角色，当她向别人讲解问题时，她能学习得特别好。

通过对这 10 位被访谈者的访谈和调查，无法看出他们所期待的分数和参加课堂形式的行为以及学习方式之间的关系。学生对于期末考试成绩的估计和他们参加讲座、练习课以及辅导小组的次数，或者他们是否看过讲义和额外的书籍是不相关的。

(5)对于课程和所学内容的评价。

如上文所说，鉴于被访者有限的野心以及一些学生对数学和统计学，特别是在学期初期所持有的保留态度，他们对统计学课程的总体评价是比较积极的。同时进行的调查问卷结果显示，6

位被访谈者给出了“好”或“非常好”的评价，2位给出了“满意”，2位给出了“及格”。这2位给出4分的被访谈者，他们的评价是出于不同的原因。有一位感觉学习统计学对他来说有着潜在的过大的挑战，另一位是感觉学习统计学还是很无聊的，基本上缺乏学习统计学知识的动机。

在社会类和人文科学的第一学期，首先要学生进行一些调整，与之前中学阶段的学习不同的是，大学阶段的学习要求更大程度上的自主学习、由自己负责的学习，以及通过大学阶段的学习要获得对这一陌生学科的一个大致的认知和方向，但是这个学科里的知识有时是互相矛盾并且不明朗的。教育学系的学生通常会提出这样的问题：“这个学科的基本理论是什么？我们一定要阅读哪些书籍？哪些科学理论是已经被公认的？哪些不是被公认的？”他们必须首先明确知道一点——通常也是非常惊讶地得知——教育系的老师们对于这些问题会给出完全不同的答案。社会科学领域所运用的统计学，恰恰在这个背景下能传递明确的信息和知识，正如一位学生在下段中所述，她认为明确的信息和知识正是她积极评价统计学的原因：

“B1：不，我不得不说，虽然我不是数学的一等生，我的数学考试成绩真的很差，我在众多的课程中最喜欢的是统计学。因为它(的内容)非常的清楚。是的，我有讲义，我有公式，我可以计算，我可以尝试各种方法的计算，这真的是很有趣的。因为如果我(把它)和教育学系的其他课程进行比较，我去上了某些课，但在某些课上我学不到任何东西，在统计学这门课上，我参加了讲座后会有这种感觉，‘太棒了，现在你掌握了一些东西，现在你至少学会了一些东西’。是的，就是这样。”(B1，20)

从“参加不同课堂形式的过程”这个类别的描述就已经可以看出，学生参加这三种不同的课堂形式(讲座、练习课和辅导小组)

确实有不同的模式：不少的被访谈者之间有共同的行为，他们(几乎)一直参加所有的课堂形式，剩余的被访谈者有个人的不同的参加模式。与此相符的是对三种课堂形式——讲座、练习课和辅导小组——的评价。因为学生是完全自愿地选择如何参加三种课堂形式的。可以推测，学生如果参加了某种课堂形式，他就是相信在这个课堂形式下的学习效果会好，并且会积极评价这种课堂形式。在表 4-2 中，展示了这 10 位被访谈者在调查问卷中给出的自己参加这三种不同课堂形式——讲座、练习课和辅导小组——的次数以及对统计学课程总体的评价。学生最经常参加的是讲座和练习课。某人非常信任辅导小组，除此之外可能至少每两个星期去一次练习课，经常性地缺席讲座却是非常少见的。

表 4-2　参加的频率和对统计课程整体的满意度

	讲座	练习课	辅导小组	对统计课程的整体满意度 *
B1	非常经常	非常经常	至少每两周一次	2
B2	很少	至少每两周一次	非常经常	3
B3	非常经常	非常经常	很少	4
B4	至少每两周一次	一直	很少	2
B5	一直	一直	非常经常	1
B6	非常经常	非常经常	从不	2
B7	至少每两周一次	至少每两周一次	至少每两周一次	3
B8	非常经常	一直	至少每两周一次	2
B9	一直	一直	非常经常	2
B10	至少每两周一次	非常经常	很少	4

* 德国的 1～5 评分系统

从教学方法上看，讲座、练习课和辅导小组虽然构成了一个整体，但是学生们还是会把它们分开来看，并且至少有时候对它们的评价是不同的。辅导小组得到的学生评价在这三种课堂形式中是最好的。在辅导小组里，可以把所有的内容细节进行梳理，提出不懂的问题，人们不是坐在 200 人的教室里，不会或是比较少有顾虑来表达自己哪里还不明白。（比较上面“参加各种课堂形式的过程”）

“B1：辅导小组比练习课还要更好一些，因为在辅导小组里真是可以把所有的细节再梳理一遍，还能更深入地理解，所以如果我在讲座和练习课上有任何东西还没搞懂，我在辅导小组里肯定可以弄明白。”（B1，30）

学生们还特别表扬了辅导老师 Mareike，因为学生认为她能够解释知识之间的联系并且非常有耐心地把这些联系再一次展示出来。一位被访者认为，讲座的时间太短，学生不可能这么快就领悟所学的东西，练习课上主要是进行练习，只有在辅导小组里，才会有“恍然大悟”的感觉（B3，10）。

练习课也获得了一些学生的表扬，特别是练习卷子获得了积极的评价。对于一些学生来说，练习课上的学习氛围与讲座不同。有一位被访者说，几乎所有人都去上讲座，然后会觉得“（……）只是听到了一些内容，但是都没有真正记住”（B9，34）。相反，在练习课上必须要更多地自己进行练习，能更集中精力也能取得更好的学习效果。

当然，讲座也由于清晰的课程结构和时间安排获得了一些学生的表扬。通过了解学生对讲座的评价，可以看出学生对讲座的内容有非常不同的偏好。有些人希望多了解一些概念、定义和理论知识，有些人则希望马上学习公式并进行计算。

“B4：（……）讲座，我有时候喜欢去讲座，特别是刚开始的

讲座，我觉得它非常非常好。那些定义可以通过讲述的方式理解，还有一些例子。到后来有了一些变化，因为那些公式，我个人觉得我在家里学习，自己在家里进行练习、思考要比在讲座上通过朗读的方式更容易。所以当学到公式的时候，我就不常去讲座了，每两星期去一次，现在到了学期末，我会去得再多一些，因为有些东西我想再听听，那些到底是什么意思。我认为最好的就是练习课，真的很好。练习卷子我认为很好，它有很清楚的结构，可以和其他人一起做，然后卷子的数量也充足，可以多拿一份空白的回家，也就是开始做的那些题现在已经都忘了，然后现在还能把那些题目都再做一遍，这样确实很好。我觉得总体来说这些课堂形式都很好，我觉得××教授也是非常非常友好的人(……)”(B4，12)

对整个课程很明确的批评是很少的，其中对于辅导小组的抱怨和批评是最少的。这个结果其实并不让人惊讶，因为首先，不喜欢去辅导小组的人就不会去上。其次，如上文所述，辅导老师本身以及她能够清楚地解释和呈现知识之间的联系的能力，被很多学生特别地表扬了。最后，辅导小组是这三种课堂形式的最后一环，更以学生的学习需求为重点，在辅导小组里每个人都可以很放心地提出问题，而且学生的知识水平在第三个环节一定是最好的。对辅导小组的批评只有由于条件有限，同时参加一个辅导小组的人数过多，应该再多安排几个辅导小组并且找大一些的教室，这样学生不至于只能坐在地板上听课。

对于练习课的批评也是很少的，如果有，也多是因为组织和条件的问题，比如练习课上讨论练习题的时间太少，学生认为在家比在教室能更好地集中精力。整体来看，对讲座的批评是最多的，但大多数学生对它的评价还是积极的。只有两点批评是由一名以上的学生提出的，即课堂上噪声过大以及感觉听课很无聊。

10 名被访谈者中的 2 名批评了课堂上过吵，并且认为教师应该更强硬地对其进行干涉。另一位被访谈者认为无法听清其他同学提出的问题和教师应该更大声地重复某些问题。

“无聊”作为批评的内容由 2 名被访谈者提出，并且形容得不是很明确：

“B2：(……)比如现在的讲座，对我个人来说，讲座有点儿太无聊了和太理论了。”(B2，21)

同样，还有另外 2 名被访谈者批评讲座的内容和讲义上的内容太过一致，所以学生完全知道教授要讲什么，讲座上没有任何意料之外的东西。

在对课程的评价中，很少有对讲义和基础教科书的评价。很有可能是博尔慈这本教科书让学生们觉得过难并且内容太多。但是这本书并不是这样的，我们推测，可能也是由于学生们都很依赖和信任讲义和上课所讲的内容，所以就很少看博尔慈的书。对讲义的批评很少，只有一位被访谈者说在讲义中找到了一处错误并且希望能做出修改。

(6)改进课程的建议。

如上所述，大部分的被访谈者对于整体的课程还是满意的，所以学生们的改进建议也基本上是由单个人提出的，并且和个人偏好有关，例如个人学习速度和对项目小组中的分工不满意。对于不满意项目小组中的分工，学生给出了不同的理由。有一位觉得小组规模太大，希望小组规模小一些。另一位认为小组中的分工不公平，因为每组只能有一人参加 SPSS 的入门课程(这门课程有人数限制)。如果这个额外的培训课程能够让每个人都参加，每个人的知识水平就会一致，这样就能更公平地进行分工。

有一位被访谈者认为在学期末时，参加辅导小组的人太多了，希望能安排更多的辅导小组。另一个单独的改进建议是希望有更多的时间，因为“(……)在练习课上有时做题的时间太少了，我还没有做完就结束了(……)”(B2，35)。

另一位被访谈者希望能把所学的内容更多地与实践相结合，并且建议把要学的内容分配到多个学期，这样就能更深入地进行学习，而且“(……)用其他媒体设备让课堂更丰富多彩”(B3，32)。

对于讲义也有一个改进建议，就是在每一章的结尾都有一个总结，通过总结来让(计算)的每一步更加明确。

也有一些改进建议被多次提出。讲座上噪声过大的问题被多次提出，“改进建议就是要通过某些手段减少噪声”(B6，18)。与之紧密相关的被多次提出的建议是，教师重复地提出问题，这样学生才能听清楚问题并且才能对学习有帮助。由于问题听不清楚而导致学生们更加混乱，因为每个人都想知道提出了什么问题。

另一个被多次提出的改进建议是讲座的内容。学生批评教授只是朗读出了讲义上的内容，希望能听到(与讲义)不一样的内容，举出更多的实例或者甚至是一些出人意料的内容。这样来提高学生们的注意力，才能让学生一起思考、记笔记，否则根本就不必来上讲座：

“B2：(……)也许可以在幻灯片上写一些其他内容，更多的内容，这样可以记录下来。(I：比讲义上更多的内容?)是的。这样才会觉得一定要来讲座，因为能够记一些额外的要点，做一些笔记。这样能提高注意力。我认为，如果这样，我会去更多次。”(B2，35)。

(7)基本态度。

在“基本态度”这个类别下，我们把它的内容定为基本的想法和行为模式，通过这个类别要描述出学生对“社会类学科统计学”

的学习内容的长期有效的认识和评价。基本态度会影响学生的具体行为，例如参加课堂形式的次数以及学习统计学的野心，野心是一个不断产生影响的因素。

学生对于社会类学科的统计学的基本态度是非常不一样的。不同的基本态度之间不是互相排斥的，更多的是在很多人身上可以看到几种基本态度集合的复杂局面。

基本态度——“恐惧”

在访谈中被多次提到害怕学习社会类学科的统计学。但是必须对两种完全不同的程度进行区分。有一些学生在开学阶段有恐惧，他们特别害怕被要求学数学。这种恐惧通常会通过努力学习以及上各种课程、阅读书籍，逐渐转变为一种安全感，即可以弄明白所学的内容并且能够最终通过期末考试：

“I：(……)您对统计学有恐惧吗?

B2：起初阶段是有的，但是现在渐渐地我觉得，我现在已经很好地进行了期末考试的复习。渐渐地已经 Ok 了。”(B2，24—25)

这种程度的恐惧在我们的定义下不能被称为一种基本态度，因为它只是短暂出现的，它更是一种对于无法满足新的和不熟悉的要求所产生的忧虑。随着努力深入地学习，这种恐惧就会消失并且它所带来的影响也会消失。

在被访谈者中只有一次被提到，他的恐惧在整个学期中都没有减弱。这位被访谈者提到，他总是搞不懂某些问题，无法完成某些习题，以至于在期末考试前，这种恐惧还在：

“B3：我对期末考试有恐惧，是的，我害怕期末考试，因为我常常碰到一些定义和公式，但我还没有背会，然后我就不知道，然后就被定义和公式困住了。(I：嗯。)然后我就不知所措了。”(B3，20)

这种程度的恐惧我们认为就属于基本态度，因为它会对个人的行为产生较大的影响。

基本态度——“最重要的是通过”

下一个基本态度描述的是没有野心和更高的希望，只希望期末考试不要不及格和不要重修这门课程就好，意思是：最重要的是通过考试！有一位被访谈者已经列出了她今后学习的紧密计划。虽然她认为自己已经“很好地进行了准备”，但是她对于成绩的期待并不高。最重要的目标是，通过期末考试和不要妨碍今后的学习计划：

“B4：对我来说首先最重要的是通过考试，因为必须通过，我不想第三学期的时候重修，因为我第三学期里已经有了很多的安排，如果重修就不好了。所以这一次就通过考试对我来说很重要，我也会好好地准备并且希望能得 3 分。(……)”(B4，24)

典型的做法是，付出较少的努力获得最好的结果，也就是至少要通过期末考试，得到 4 分。通常都只是参加已给出的课堂形式和借助于所提供的学习材料。除此之外没有进行其他形式的学习。

基本态度——“野心”

被称作拥有野心的人都希望在这门课上取得较好的成绩。他们已经准备好要在参加基本的课堂形式之外，还要付出时间和精力以及运用其他书籍。

“B6：我会把练习课上的题都再做一遍，再看一遍讲义，然后写下我自己还不是很有把握的问题，然后我会在博尔慈这本书里查找或者在其他书里，或者我会求助于我的学习小组。”(B6，22)

对于学习成果有这样高的要求以及愿意和已经准备为之付出很大努力的态度，正是基本态度“野心”和基本态度“最重要的是通过”之间的差别。

基本态度——“没有兴趣”

有一位被访谈者把课程描述为“让人不愉快的一门必修课程”(B10，16)。接下来他还说他缺乏努力取得好成绩的动力和动机(B10，88)。这样的基本态度只出现了一次，它被称作对这门课程没有兴趣。

基本态度——“传授知识”

有一个基本态度只被一个人提到过，就是要努力掌握所学的知识来帮助别人。一位被访谈者担任了私人辅导老师的角色，即她要把所学的知识都教给另外一个人：

“B7：(……)我男朋友一直想弄明白所学的东西，然后我就必须一直讲给他听，因为他不是很擅长数学(……)”(B7，18)

在这种情况下，她自己必须努力学习来更好地掌握所学知识。她非常努力地精心地学习以至于在学习材料中还发现了一处小错误。

基本态度——“有兴趣”

最后一个基本态度是对课程有兴趣。几乎一半的被访谈者都认为自己对所学的知识有兴趣。部分人认为有兴趣的原因是所学的东西对今后的学习或工作很重要：

“B9：(……)我也觉得，所学的东西对整个学习来说是重要的，对以后的工作也是。”(B9，14)

另一个原因是学生们认为，上统计学这门课不是为了学一些抽象的统计学知识：

“B8：(……)但是可以了解到统计学背后的意义或是对一些公式进行实际的操作。”

“B9：是的，有些情况已经看到了与实际问题有关系。”(B9，24)

除了有些学生是通过学习过程才增长了对统计学的兴趣之

外，有些学生也是在高中阶段就对数学有兴趣，并且在这种背景下对社科类的统计学也具备“感兴趣”的基本态度。

得出的结论显示，学生的兴趣通常是随着上课的过程培养出来的。虽然如此，我们认为这样产生的兴趣也属于基本态度(这不同于随着学习而逐渐减少的恐惧感)，因为它对学习统计学的行为有持续的具体的影响，并且也影响对社科类统计学的基本态度。

5. 对实施评估的帮助和建议

5.1 时间一览表

最后，我们想给读者列出评估中每一步所需的时间。在下表中，我们把工作小组在评估中的每一步所需的时间都列了出来。这些时间包括了这本书的 4 位作者以及 3 位学生助理对每一步所需的时间。旁听讨论的时间没有被算在内。

当然，不是每一个评估小组都由 4 位成员组成。规模较小的组用来进行整体讨论的时间较少，因为 2 人小组用于 2 个小时的讨论只需计算 4 个人的工作时间，而不是 8 个人。我们认为，整个评估项目所需的工作时间和我们下框中所计算的时间是相差不远的。

值得注意的是，我们给出的是对大致所需时间的一个方向。

第一步	确定评估对象和评估目标	4 个小时
	• 讨论和确定评估对象(2 个小时)	
	• 讨论和确定评估目标(2 个小时)	
第二步	制定访谈大纲和简短调查问卷	4 个小时
	• 制定访谈大纲(2 个小时)	

续表

	• 制定简短调查问卷(2 个小时)	
第三步	进行访谈、对访谈进行录音和录入访谈内容	14 个小时
	• 挑选访谈对象并与访谈对象进行初步交谈(1 个小时)	
	• 进行访谈(10×15 分钟=3 个小时)	
	• 录入访谈内容(10×60 分钟=10 个小时)	
第四步	初步分析数据，以个案为单位进行分析和展示分析过程	9 个小时
	• 阅读访谈资料、做阅读笔记(5 个小时)	
	• 以个案为单位进行数据分析和呈现过程(4 个小时)	
第五步	制定类别系统，对访谈资料进行编码	20 个小时
	• 制定类别系统和编码规则(5 个小时)	
	• 编码访谈资料(10×90 分钟=15 个小时)	
第六步	以类别为基础进行数据分析，撰写评估报告	33 个小时
	• 以类别为基础进行数据分析(9 个小时)	
	• 撰写分析结果(20 个小时)	
	• 加工结果：标题、图表(4 个小时)	
第七步	撰写评估的总结部分、检查结果，完成最终版报告	16 个小时
	• 撰写评估总结以及由评估带来的结果(6 个小时)	
	• 给项目方反馈以及与其讨论评估结果(4 个小时)	
	• 完成最终的评估报告，把数据进行存档(6 个小时)	
		总计：100 个小时

5.2 “七步完成质性评估”的核查表

我们把完成一项成功的质性评估所要注意的方面都列在下面

的核查表中。这个核查表可以被当作“一步一步”的工作指导说明，它总结了本书第 2 章中的详细内容。我们认为，核查表中列出的每一点应被看作是建议，而不是必须做的事情，因为不是每一点都适用于每一个评估项目的。

第 1 步：确定评估对象和评估目标

□首先您要确定评估对象：什么是要被评估的？什么不是？

□您要描述出评估目标：项目方进行这项评估的目的是什么？参与评估项目的人员有哪些兴趣？什么样的评估结果是一定要呈现的？评估结果会带来哪些变化？

□您要考虑和描述出评估对象的特质或特性：评估对象是什么？它的发展过程是怎样的？通过评估对象能达到什么？

□在计划整个评估时，请您考虑所有参与评估的人员的状况：谁和评估对象有联系？谁会被评估过程影响？谁会被评估结果影响？

第 2 步：制定访谈大纲、简短调查问卷

□收集您所有想到的和评估对象有关的问题和题目。

□检查这些问题和题目是否对您的评估目标很重要。您只需关注重要的问题和题目！在这个缩小关注的过程中，您要考虑的是，关注这一题目以及得到这个问题的答案的用处是什么。

□从最重要的内容出发来制定访谈大纲。请您考虑，您想依据每一个问题来评估些什么。并且尽量提开放式的问题，不要让被访谈者用“是”或“否”来回答，而是可以让被访谈者自由交谈。

□把所有可以用量化调查问卷解决的问题收集起来(例如年龄)，制定一份调查问卷。

□对访谈大纲和调查问卷进行一次试验，试验被访谈者是否能很容易地明白访谈大纲和问卷的意思，并且计算完成访谈所需的时间。您也可以进一步熟悉访谈的内容。

第3步：进行访谈、记录(录音)和录入访谈内容

□请您考虑您要调查的具体人数。请您考虑您在评估过程中所能支配的整体时间，这些时间包括访谈、录入和分析数据。有必要的话，您也可以缩短访谈大纲来访谈更多的人。

□请您考虑一种挑选访谈对象的方案，一般来说是随机挑选，例如抽签。您可以找多一些的被访谈者作为后备，以防有人拒绝您的访谈要求。

□请您考虑进行访谈的时间点。在这个过程中您要考虑评估目标：访谈一定要在某一事件的前、中或后进行吗？

□请您考虑，应由谁来进行访谈以及如何进行访谈：由一人访谈所有的被访谈者还是由多个访谈人进行访谈？访谈在什么地方进行？通过电话还是面对面？用什么器材进行访谈录音？录音器材的电池是否充足？

□在访谈的初始阶段，您要和被访谈者交代清楚调查的目标、目的以及如何处理他们个人的信息和调查结果。请您考虑和检查您在收集数据、数据分析和最终的出版这些方面，是否会牵扯到有关保护个人信息等方面的法律问题。

□在录入访谈内容时，请您遵循易操作的录入规则并把每一段访谈录入的结果都存成RTF格式。录入访谈内容的时间是进行访谈时间的4～8倍。在录入时请您注意，要把被访谈者的名字隐匿。

□请您将RTF格式的文件用数据分析软件MAXQDA打开。先制定“新建项目”，然后选择一篇您想转入MAXQDA的文章并选择“导入文本”功能。

□简短调查问卷的结果，您可以输入MAXQDA的“变量—数据编辑”中。请您为数字选择“整数”或“浮点数字”格式，给文字选择“字符串”格式。

第 4 步：对数据进行以个案为单位的初步分析，并展示结果

□在阅读访谈资料时，请一定要随时记录下您认为值得注意的要点，最好是把它们马上记录在电脑中，可以使用 MAXQDA 的“备忘录”功能。

□从对每一个个案的阅读笔记中，您能得到每一个个案的“个案总结摘要”(Case Summary)。将每一个个案的要点进行比较，以便得出其他值得注意的要点，以及它们之间的相同和不同之处。

□请您为每一个个案总结摘要取一个简短称号：哪个词能最贴切地形容这位被访谈者?

第 5 步：制定类别系统，对访谈资料进行编码

□收集对制定类别系统的建议然后列出前五个您认为最重要的用于分析数据的类别。这些类别要依据评估目标和访谈大纲。

□请您依据以下方面来检查您的类别系统：不要太细致，区分度要高，要为之后撰写评估报告考虑，通过类别系统要能体现评估目标的印记。您要先在 1～2 个访谈资料上检测您所制定的类别系统，如有必要，要对其进行修改。

□将完成的“类别系统”加到 MAXQDA 的“代码列表”窗口中。

□如果您想在工作小组中对访谈资料进行编码，最好把类别系统复制三份，然后用不同颜色进行区分。把所有的访谈资料复制给工作成员，每两人用同一颜色进行一份访谈资料的编码。每一位工作人员首先在 MAXQDA 的一份复制文件中编码他自己被分配到的访谈资料，然后与他的同伴进行讨论并把有分歧的地方统一意见。在一份主要的 MAXQDA 数据中，把最终的编码收集起来。这个结果是利用了 MAXQDA 用不同颜色区分不同小组成员编码的功能获得的。MAXQDA 还可以把由数据分析产生的代码、已编码的文本片段、备忘录以及其他信息，在小组成员之间进行交流。操作如下：MAXQDA 可以把个人的分析结果用导出数据的形式保存下来，这个导出的数据则可以被其他小组成员通过导入数据的功能，添加到 MAXQDA 的整体项目中。

第 6 步：以类别为基础分析数据，撰写评估报告

□您可以把类别进行逐一讨论，或者把所有的类别在小组中进行分配，然后共同完成报告。

□把属于一个类别下面所有的片段都首先在 MAXQDA 的“代码列表”窗口中展示出来。阅读这些片段并且找出重要的内容。如果在一个类别下有很多的片段，您可以考虑把某些重要的内容归为一个“子类别”，然后再把属于这个“子类别”的片段归到它下面。

□请随时记录下您对某一类别的想法以及之后在撰写报告时所有值得注意的内容。您可以把类别、子类别的内容都以总结的形式描述出来。尝试在描述和解释之间找到一个适当的标准。量化的说法，例如“一半的被访者”也是适用于质性评估报告的。

□您可以通过引用访谈中的片段来丰富您的评估报告内容，例如运用 Word 的剪贴板功能：选中所需文字，复制到剪贴板(快捷键 Strg＋C)，然后再粘贴(快捷键 Strg＋V)到评估报告中；或是 MAXQDA 的“导出文本”功能。引用的片段不能成为您报告的核心部分，并且要给出引用的具体出处(例如“B3，4～5”代表的是“被访谈者 B3，第 4 段到第 5 段”)。

□为了能使分析结果以图表的形式展示出来，您可以加入表格、加入简短调查问卷的结果，或者插图，例如用“可视化工具—MAXmaps”。

第 7 步：检查结果，加工总结部分，完成最后的评估报告

□在评估报告的最后部分一定要把评估的结果进行总结，写

这个总结要依据之前考虑好的评估对象和评估目标。

□对于项目方，如有必要，也要向其他参与评估的人员介绍您的评估报告并讨论评估结果。根据他们的反馈来对评估报告进行补充。

□为了符合出版的要求，要把报告进行格式上的修改。除此之外您还要加上附件以及存档所收集的数据。

参考书籍

Balk, Michael (2000): Evaluation und Lehrveranstaltungen. Die Wirkung von Evaluationsrückmeldung. Frankfurt/Main: Peter Lang.

Balzer, Lars (2005): Wie werden Evaluationsprojekte erfolgreich? Landau: Verlag Empirische Pädagogik.

Beywl, Wolfgang (2006): Evaluationsmodelle und qualitative Methoden. In: Flick, Uwe (Hrsg.): Qualitative Evaluationsforschung. Konzepte-Methoden-Umsetzungen. Reinbek bei Hamburg: Rowohlt, S. 92—116.

Beywl, Wolfgang; Schepp-Winter, Ellen (2000): Zielgeführte Evaluation von Programmen. Ein Leitfaden. Berlin: Bundesministerium für Familie, Senioren, Frauen und Jugend. Online (01. 09. 2007): http://www. qs—kompendium. de/pdf/Qs29. pdf

Bortz, Jürgen (2005): Statistik für Human-und Sozialwissenschaftler. Heidelberg: Springer.

Bortz, Jürgen; Döring, Nicola (2005): Forschungsmethoden und Evaluation. Für Human-und Sozialwissenschaftler. Heidelberg: Springer.

Deutsche Gesellschaft für Evaluation (2002): Standards für Evaluation. Köln. Online (25. 03. 2008): http://www. degeval. de/calimero/tools/proxy. php? id=227

Dieckmann, Andreas (2008): Empirische Sozialforschung. Grundlagen, Methoden, Anwendungen(19. Auflage)Reinbek bei Hamburg: Rowohlt.

Flick, Uwe(Hrsg., 2006): Qualitative Evaluationsforschung. Konzepte, Methoden, Umsetzungen. Reinbek bei Hamburg: Rowohlt.

Hopf, Christel(1978): Die Pseudo—Exploration. Überlegungen zur Technik qualitativer Interviews in der Sozialforschung. In: Zeitschrift für Soziologie, 7, S. 97—115.

ILMES(2008): Internet — Lexikon der Methoden der empirischen Sozialforschung. Online(25. 03. 2008): http://www. lrz—muenchen. de/wlm/ilmes. htm

Kelle, Udo(2006): Qualitative Evaluationsforschung und das Kausalitätsparadigma. In: Flick, Uwe(Hrsg.): Qualitative Evaluationsforschung. Konzepte-Methoden-Umsetzungen. Reinbek bei Hamburg: Rowohlt. S. 117-134.

Kell, Udo; Kluge, Susann(1999): Vom Einzelfall zum Typus. Fallvergleich und Fallkontrastierung in der qualitativen Sozialforschung. Opladen: Leske+Budrich, S. 54—74(Kap. 4: Verfahren der Fallkontrastierung II: Die Kodierungen qualitativen Datenmaterials).

Kirchhoff, Sabine; Kuhnt, Sonja; Lipp, Peter; Schlawin, Siegfried(2003): Der Fragebogen. Datenbasis, Konstruktion und Auswertung. Opladen: Leske+Budrich.

Kowal, Sabine; O'Conell, Daniel C. (2000): Zur Transkription von Gesprächen. In: Flick, Uwe; Kardorff, Ernst von; Steinke, Ines

(Hrsg.): Qualitative Forschung: Ein Handbuch. Reinbek bei Hamburg: Rowohlt, S. 437—447.

Kromrey, Helmut (2001): Studienrendenbefragungen als Evaluation der Lehre? Anforderungen an Methodik und Design. In: Engel, Uwe (Hrsg.): Hochschulranking. Zur Qualitätsbewertung von Studium und Lehre. Frankfurt/ Main, S. 11-47.

Kuckartz, Udo (2007): Einführung in die computergestützte Analyse qualitativer Daten. Wiesbaden: VS-Verlag.

Lüders, Christian (2006): Qualitative Evaluationsforschung-Was heißt hier Forschung? In: Flick, Uwe (Hrsg.): Qualitative Evaluationsforschung. Konzepte-Methoden-Umsetzungen. Reinbek bei Hamburg: Rowohlt., S. 33—62.

Mayring, Philipp (2002): Einführung in die qualitative Sozialforschung (5. Auflage). Weinheim: Beltz.

Miles, Matthew B.; Hubermann, A. Michael (2005): Qualitative Data Analysis-an Expanded Sourcebook (2nd edition). London: Sage.

Patton, Michael (2002): Qualitative research & evaluation methods. Thousand Oaks, CA: Sage.

Reischmann, Jost (2006): Weiterbildungs — Evaluation Lernerfolge messbar Machen. Augsburg: Ziel—Verlag.

Rieker, Peter (1993): Zur Situationder Datenerhebung. In: Hopf, Christel/Schmidt, Christiane (Hrsg.): Zum Verhältnis von innerfamilialen sozialen Erfahrungen, Persönlichkeitsentwicklung und politischen Orientierungen. Dokumentation du Erörterung des methodischen Vorgehens in einer Studie zu diesem Thema, S. 43-56. Online (17. 01. 2006): http://w2. wa. uni—hannover. de/mes/berichte/rex93. htm

Rindermann, Heiner (2001): Lehrevaluation. Einführung und Überblick zu Forschung und Praxis der Lehrveranstaltungsevaluation an Hochschulen mit einem Beitrag zur Evaluation computerbasierten Unterrichts. Landau: Verlag Empirische Pädagogik.

Rotem, Arie(1978): The Effects of Feedback from Students to University Instructors: An Experimental Study. In: Research in Higehr Education, Vol. 9, S. 303—318.

Rotem, Arie; Glasman, Naftaly S. (1979): On the Effectiveness of Students'Evaluative Feedback to University Instructors. In: Review of Educational Research, Vol. 49, Nr. 3, S. 497—511.

Sanders, James R.; Beywo, Wolfgang; Joint Committee on Standards for Educational Evaluation. (2006): Handbuch der Evaluationsstandards. Die Standards des "Joint Committee on Standards for Educational Evaluation". Wiesbaden: VS—Verlag.

Schmidt, Christiane(2003): "Am Material": Auswertungstechniken für Leitfadensinterviews. In: Friebertshäuse, Babarar; Prengel, Annedore (Hrsg.): Handbuch Qualitative Forschungsmethoden in der Erziehungswissenschaft. Weinheim, München: Juventa, S. 544—568.

Seale, Clive (1999): The Quality of Qualitative Research. Thousand Oaks u. a.: Sage.

Shaw, Ian F.; Greene, Jennifer C.; Mark, Melvin M: (Hrsg., 2006): The Sage Handbook of Evaluation. Thousand Oaks, u. a.: Sage.

Stockmann, Reinhard(Hrsg., 2007): Handbuch zur Evaluation. Eine praktische Handlungsanleitung. Münster: Waxmann.

Witzel, Anders(2000): Das problemzentrierte Interview(26

Absätze). Forum Qualitative Sozialforschung /Forum：Qualitative Social Research（online Journal），1（1）. Online（17. 01. 2006）：http：//www. qualitative research. net/fqs — texte/1 — 00/1 — 00witzel—d. htm

Wottawa，Heinrich；Thierau，Heike（2003）：Lehrbuch Evaluation. Bern：Huber.